本书获得"山西省高等学校哲学社会科学研究项目"
（项目编号：2023W074）资助

U0694743

非控股股东网络对
企业投资效率的影响研究

游竹君 ／ 著

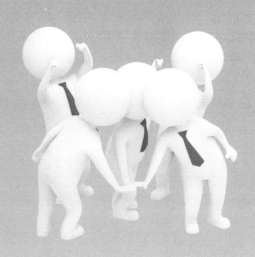

FEIKONGGU GUDONG WANGLUO DUI
QIYE TOUZI XIAOLV DE YINGXIANG YANJIU

经济管理出版社
ECONOMY & MANAGEMENT PUBLISHING HOUSE

图书在版编目（CIP）数据

非控股股东网络对企业投资效率的影响研究 / 游竹君著 . —北京：经济管理出版社，2023.9
ISBN 978-7-5096-9257-8

Ⅰ . ①非… Ⅱ . ①游… Ⅲ . ①企业—投资效率—研究—中国 Ⅳ . ① F279.23

中国国家版本馆 CIP 数据核字（2023）第 179717 号

组稿编辑：任爱清
责任编辑：任爱清
责任印制：黄章平
责任校对：王淑卿

出版发行：经济管理出版社
　　　　　（北京市海淀区北蜂窝 8 号中雅大厦 A 座 11 层　100038）
网　　址：www. E-mp. com. cn
电　　话：（010）51915602
印　　刷：唐山昊达印刷有限公司
经　　销：新华书店
开　　本：710mm×1000mm /16
印　　张：10.75
字　　数：211 千字
版　　次：2024 年 3 月第 1 版　　2024 年 3 月第 1 次印刷
书　　号：ISBN 978-7-5096-9257-8
定　　价：78.00 元

前言

中国上市公司存在严重的代理问题，控股股东或管理层侵犯中小股东权益的案例频频发生，独立董事、高管持股、内部控制等常规治理手段相继受挫，鼓励非控股股东积极参与公司治理的声音却日益高涨。然而，已有非控股股东的文献多局限于传统"经济人"假设，很少涉及其个体之间的社会属性来研究非控股股东的行为特征，且新兴资本市场的企业通过所有权关系而相互联结的现象越来越普遍，但学术界相关的研究起步较晚，也并未对非控股股东能否对企业行为产生正面影响的研究形成一致的意见，而本书从社会网络理论和代理理论等出发，探讨了非控股股东在多家企业同时持有股权而形成的非控股股东网络对于微观企业行为的影响，可能为全面认识非控股股东的经济影响提供了新的研究视角和证据支持，并对现有财务领域社会网络的影响机理研究提供了有益的补充。

本书采用 2014～2019 年 A 股上市公司数据，由上市公司非控股股东共同持股方式形成的产权关联关系为企业间稳固的社会网络联结形式，并借鉴社会学的网络中心性指标来量化分析非控股股东的网络特征，从整体上阐释非控股股东网络对于企业投资效率的影响。并基于社会网络对于企业行为的影响机理，将网络主体异质性问题纳入非控股股东的考量中，不同类型的非控股股东所有权关系联结的主体不同，使其在网络中个体结构位置也不同，进而影响着非控股股东网络效应的发挥并最终直接作用于非控股股东的行为决策，即探讨异质性非控股股东网络对于企业投资的治理行为变化。需要指出的是，目前公司治理理论界和实务界对企业行为的研究主要围绕存在实际控制人或控股股东的情况，而近期上市公司"无实际控制人"成为资本市场十分常见的经济现象，即无实际控制人现象作为资本市场股权分散化的极端典型，无实际控制人企业非控股股东网络能否发挥其对于企业投资相同的作用效力，需要进行更为严谨的讨论。因此，本书立足于中国的现实背景，对无实际控制人企业非控股股东网络的影响效应进行讨论，以增加非控股股东网络研究的普适性和可靠性。

研究发现以下三个问题：

第一，非控股股东网络中心度越高，企业投资效率越高，并在区分投资不足与投资过度之后发现，在网络中越处于中心位置的非控股股东既有助于缓解公司的投资不足，也有助于抑制过度投资；对控股股东、管理层自利行为的治理效应和对企业投资机会、资本市场定价效率的嵌入效应是非控股股东网络提升企业投资效率的中间机制；并在企业未来股价崩盘风险和信息不对称程度较高、处于法律环境较差地区时，非控股股东网络中心度对企业投资效率和过度投资的影响更为明显。

第二，机构非控股股东网络中心度能有效提升投资效率，抑制企业投资不足与过度投资的非效率投资行为；通过提升市场的定价效率、约束控股股东和管理层的自利行为来影响企业投资效率是三个有效的作用机制；独立非控股股东网络整体上与机构非控股股东网络表现为相同的作用效果，而非独立网络对企业的投资效率具有负面影响，机制分析发现，非独立网络的信息效应对投资效率的影响非常有限，不仅会选择与管理层合谋来加剧企业非效率投资现象，同时也不会对控股股东的自利行为产生影响；个人非控股股东的网络中心度提升了企业的投资效率，投资机会的控制、控股股东掏空以及管理层代理成本的治理是其影响投资效率的有效机制；另外，国有非控股股东网络中心度越高，企业投资越有效率，提升资本市场定价效率、缓解融资约束问题、对控股股东掏空以及管理层代理成本的治理是四条有效的作用机制。

第三，非控股股东网络中心度能有效提升无实际控制人企业的投资效率，抑制了过度投资的非效率投资行为；抑制管理层货币性私有收益和非货币性私有收益是非控股股东网络提高无实际控制人企业投资效率的主要路径；企业信息环境、所处地域法律环境和整体上经济政策的不确定性都会影响非控股股东网络的价值实现。

研究结论表明，在网络中处于核心位置的非控股股东具有更好的治理效果，能够约束过度投资和投资不足的非效率投资现象，而网络嵌入效应和治理效应是非控股股东网络影响企业投资效率的两条中间机制。但其作用的发挥在不同的网络主体中表现为不同的影响效应，且网络嵌入效应以及监督治理效应在不同网络主体中的作用机制存在不同，相较于独立非控股股东，非独立网络主体往往并不是监督治理者的角色，由于与企业既有投资关系又有商业关系，这种双重关系使股东与管理层之间不仅是委托人和代理人关系，更重要的是由商业纽带产生的具有共同利益的战略合作关系，即更多扮演"合谋者"角色，对企业投资效率具有负面影响，也可能是"旁观者"角色，并不会参与企业投资决策；而个人非控股股东网络治理可以弥补个人投资者的非理性决策行为，其网络的信息效应更多表现为强关系的"资源桥"效应，而信息效应在一定程度上保障了个人非控股股东网络治理效应的价值实现；国有非控股股东的网络嵌入效应和治理效应均对投资效率具有有效的作用效果，但相较于个人非控股股东网络的"资源桥"效应，其主要是通过融资约束问题的缓解来提升企业的投资效率；另外，针对无实际控制人企业的特殊股权结构模式，非控股股东网络也对企业投资效率具有有效的治理作用。研究结果不仅丰富了非控股股东网络这一新兴学术领域的认知，加强了网络主体异质性下非控股股东网络对于企业行为不同的影响效果，也立足于中国独特的现实背景，补充了非控股股东网络在无实际控制人企业发挥的作用，有助于更好地认识非控股股东网络的经济影响，并且对投资者和监管者具有重要的参考价值。

游竹君

2024 年 1 月

第一章　绪论

第二章　概念界定与理论基础

第五章　主体异质性下非控股股东网络与企业投资效率

第六章　无实际控制人下非控股股东网络与企业投资效率

第七章　研究结论与展望

第一章

绪论

第一节　研究背景与研究意义

一、研究背景

改革开放以来，我国充分利用自身要素禀赋优势，把握信息技术革命的发展机遇，积极融入全球价值链体系，产业基础、产业模式和产业现代化水平获得显著提升，组织形态和市场经济体制也更加完善，社会生产率不断提升，为实现经济结构持续优化升级奠定基础。我国经济之所以能够保持30多年的持续高速增长，投资无疑是其重要引擎，根据国家统计局数据，我国全社会固定资产投资和国内生产总值的增速趋势基本保持一致，投资占GDP的比例在2010年达到最高69.9%，即GDP的2/3以上来源于投资。而近年来，我国经济由高速增长转为中高速增长，在2010年跃居为世界第二大经济体后，GDP增速开始从10.6%下降到2019年的6%[①]，经济增速换挡、结构调整失衡和产能过剩"三期叠加"使经济高速增长时期集聚的各类存量风险和增量风险逐步暴露出来，而经济发展的结构性失衡也进一步增大了经济金融风险的关联性和复杂性（李伟等，2018）。面对失衡的经济结构，将投资作为经济转型升级的关键驱动力量，保持适度投资规模的同时，提升投资环节的资源配置效率来优化投资结构，这不仅关乎未来的产业结构和投资质量，也决定着经济质量效益和国民经济的健康发展。"十三五"和"十四五"规划中都明确提出，将"优化资本结构、扩大有效投资"列为增强发展新动能的主要战略目标和关键任务，进一步发挥投资对稳增长、调结构的重要作用，鼓励民间投资和企业投资，提高投资效率，激发民间资本活力，发挥投资对优化供给结构的重要作用。

随着中国投资体制改革分别在政府宏观调控、投资决策机制、资金融资方式、项目管理制度等方面推行一系列重大举措（张汉亚，2008），中国实现了投资主体多元化，政府投资职责归位于市场主导投资，政府为辅，企业投资的自主权扩大，中国逐步形成了适合社会主义市场经济、符合中国国情并接轨国际惯例的投资管理体制。投资体制改革后的发展经验表明，投资对推动当代中国经济长期增长和社会可持续发展、进步的影响，实际上依赖于对资源配置效率的优化和投资效率的持续改善。从微观层面来看，企业投资作为宏观经济增长的微观基础，

[①]　根据国家统计局公布的数据计算。

投资行为是创造股东财富和企业价值的重要一环,对企业持续、健康发展至关重要。早期对企业投资的研究大都遵循新古典经济学理论,即在有效资本市场、信息完全对称和理性经济人的假设前提下,MM 理论认为投资决策与资本结构无关,而仅仅取决于投资项目的净现值(NPV)(Modigliani 和 Miller,1958)。换言之,对于股东而言,资本成本无论是债务融资还是权益融资无任何差异,资本结构不会影响股东财富。然而,在现实经济中,MM 理论在解释企业投资非效率问题时陷入困境,一些学者也逐渐意识到 MM 理论中严格的假设条件相悖于真实的现实环境。于是,学者们通过放松 MM 理论的假设条件,将资本结构、治理体制、市场信息的非对称等因素纳入企业投资理论的研究框架来解释企业投资扭曲的现象。其中,Jenson 和 Meckling(1976)的"自由现金流假说"认为,由于企业契约的不完备性和刚性,管理者有强烈的动机通过过度投资扩大非生产性消费以最大化个人利益;Myers 和 Majluf(1984)的"信息不对称理论"认为,信息不对称产生的逆向选择增加了市场摩擦,企业的内部现金流也难以满足项目的投资需要,从而不得不放弃 NPV>0 的投资机会,引发投资不足。

尽管自由现金流假说和信息不对称理论从不同视角解释了企业的非效率投资行为,但上述研究大多基于西方国家发达的资本市场。除此之外,新古典经济学框架下的"理性经济人"假设也是自由现金流假说和信息不对称理论的一个共同局限性。而以研究投资者行为偏差和资本市场各种"异象"为主的行为金融学取得了重大进展,成为当今金融学研究领域的主流学派之一。行为金融学放宽了理性人假设,认为资本市场经济行为主体并非独立于外界环境的投资者,尤其是在面临较大的不确定性时,个体的决策过程往往受限于自身知识和能力不足而难以通过理性人的方式进行无偏估计,必然向外界寻求依托,并最终作用于其投资决策行为。与此同时,随着社会资本领域研究的兴起,社会关系被纳入解释资源交易和获取的研究框架中,相应地,从社会学借鉴的理论和分析方法开始逐渐被应用于资本市场和公司金融领域的研究。传统的经济学研究单纯从经济因素出发分析现实中的经济问题而忽略经济个体之间固有的社会联系,研究结果往往与实际相偏离。事实上,个人作为嵌入于社会关系中的"理性人",其经济行为嵌于社会结构中,即在经济金融研究中引入社会网络理论势必会提高其解释能力(Granovetter,1985;罗荣华和田正磊,2020)。社会学理论认为,个体的行为不仅受其属性(个体特征、职业和教育背景等)的影响,还取决于所嵌入的社会关系网络(校友、同事和老乡关系等),个体的决策过程依赖于他人的经济行为和随意的口头交流中获取的信息进而改变自身偏好和决定的决策外部性。在中国现实的情境下,作为传统关系型社会,研究中国经济问题和交易活动自然离不开"关系"的研究，各个决策主体之间的关系网络也应纳入考量。Ball 等（2004）发现，在中国经济体制下，社会关系作为重要的非正式机制可以替代传统资源分配机制。一些学者基于资源基础观和社会网络理论研究了企业的关系网络（银行关系、协会关系、校友关系、宗姓关系等）对于企业发展的重要影响（张敏等，2012；游家兴和刘淳，2011；潘越等，2020；王雯岚和许荣，2020）。也有学者相继证实了董事网络、高管网络、供应链网络等关系联结对于企业投资行为的影响（陈运森和谢德仁，2011）。和企业利益相关方的关系网络相似，在多家企业持有股权而形成的股东网络是一种普遍的企业关联模式，相较于董事网络大多为独董之间的关联，投资效率与独立董事的经济收益的关联不大，企业权益资本的所有者——股东之间的关联更多的是非控股股东之间的联结，显然非控股股东有更强烈的动机和能力参与企业的投资决策，而非控股股东网络如何影响企业投资效率是近期实务界和学术界共同关注的前瞻性领域。

随着股权集中度的提高，股权结构逐渐成为企业发展的控制引擎，而股权结构作为公司治理的逻辑起点，非控股股东作为企业资本的权益方，其在多家企业持有股权的行为在资本市场是十分普遍的经济现象。据统计，截至 2018 年底，大约 32% 的上市公司以非控股股东同时持股的方式建立关系联结，而这种同时持股而形成的直接或间接关系联结形式则为非控股股东网络的基础。另外，上市公司存在严重的代理问题，控股股东或管理层利用其控制权和信息优势来侵犯其他股东权益的案例层出不穷，高管激励约束、独立董事监督机制等常规治理手段相继受挫，而主张非控股股东发挥股东积极主义的声音却与日俱增。此外，相关政策和法规的相继出台大大降低了非控股股东参与企业经营管理活动的成本，提高了非控股股东的话语权，相应地，资本市场监管部门也采取和推行了一系列举措把对投资者的合法权益保护落地。2004 年中国证券监督管理委员会颁布的《关于加强社会公众股股东权益保护的若干规定》建立和完善了非控股股东对重大事项的表决制度，在股权分置情形下，上市公司增发新股、发行可转换公司债券、重大资产重组等对非控股股东利益有重大影响的相关事项须经全体股东大会表决通过才可实施或提出申请。上市公司应切实保障非控股股东选举董事和监事、参与股东大会的权利并开通多种渠道加强与非控股股东的交流。2013 年 12 月，国务院办公厅出台了《关于进一步加强资本市场中小投资者合法权益保护工作的意见》，要求上市公司建立非控股股东单独计票机制，引导上市公司股东大会全面采用网络投票方式。此外，证券监管部门加快中小投资者综合保护体系、维权组织体系以及政策环境监管体系的构建和优化，进一步提高保护中小投资者合法权益的水平。2020 年 3 月，经过四次修订的《中华人民共和国证券法》开始实施，专设和新增"投资者保护"章节，从法律上赋予了投服中心一系列职责（陈运森等，2020）。这一系列相关政策文件的出台、法律条款的规范以及沪、深证券交易所修订的多项细则和指引体现了保护投资者权益的初衷，确保了非控股股东可以有效行权，使非控股股东在资本市场中有更高的地位，在公司经营决策和公司治理中有足够的话语权来维护自身合法权益。

值得关注的是，以往直接探讨非控股股东对企业行为的影响研究主要分为单个企业单个非控股股东的决策有效性、单个企业多个非控股股东的监督制衡作用以及多个企业非控股股东的所有权联结关系。相较于前两类研究，鲜有关于所有权联结而形成的非控股股东网络的研究，少数已有文献主要通过理论分析和模型推演论证的方式进行，其结论缺乏微观证据的支持，存在局限性，对非控股股东网络的衡量也存在一定的不足。近年来，随着微观数据库和分析方法的不断丰富，围绕在多家企业持股而形成非控股股东关系网络的实证研究开始出现，填补了经验研究的空白。需要指出的是，现有文献证实了非控股股东网络的存在且对非控股股东的决策行为、股价波动、企业绩效产生影响（郭晓东等，2018；马连福和杜博，2019；黄灿和李善民，2019；吴晓晖等，2020）。但目前关于非控股股东网络对微观企业的影响究竟是协同治理效应还是利益合谋效应尚未形成一致的观点，可能是由于研究样本和分析方法的差异导致，或与非控股股东的持股比例相关，也有可能是对企业资源配置、公司治理、关联交易等不同经济行为有不同的作用机理。总体而言，关于非控股股东网络的经济影响主要包括两种观点：一种是非控股股东网络可能为企业间的信息和资源流动提供低成本渠道；另一种是可能为企业间合谋提供一条隐蔽的利益输送途径，进而影响资本市场的运行秩序（Azar 等，2018；He 等，2019；马连福和杜博，2019；黄灿和李善名，2019；Park 等，2019）。具体到企业投资活动中，非控股股东网络既可能发挥协同治理效应，帮助提升企业的投资效率，也可能利用企业投资活动成为服务于私人利益的工具，导致企业的投资低效率。因此，在已有研究的基础上，本书基于社会网络理论，以投资效率为切入点，从中国现实背景出发研究非控股股东网络对企业投资决策的影响，并分别对其网络关系和结构特征的影响机制进行更为谨慎的讨论并加以论证。

从网络嵌入和资源禀赋论的视角分析，非控股股东网络对企业投资的影响究竟是协同治理效应还是利益合谋效应，与非控股股东网络主体属性和结构特征相关。究其原因，在企业的投资活动中，不同类型的非控股股东所具备的资源禀赋不同，具有的关系联结和网络结构也存在不同，使其对投资活动的治理能力不同，自然影响企业投资决策的效果也不同，换言之，非控股股东网络主体的异质性决定着其关系和结构特征的异质性，继而决定了信息或资源的异质性及其对企业发展产生的不同影响效应。因此，探讨非控股股东网络对企业投资效率的影响，不能忽略非控股股东的网络主体异质性对投资效率的影响。

近期一些上市公司纷纷发布公告称自己"无实际控制人"，无实际控制人已成为资本市场十分常见的经济现象。据统计，2000～2019年，无实际控制人公司数量占 A 股上市公司数量的比重从 1.04% 逐年上升至 6%。无实际控制人现象是资本市场股权分散化的极端典型，而目前公司治理理论界和实务界对公司治理制度的设计主要围绕存在实际控制人的企业，即实际控制人是我国资本市场制度背景下公司治理构架的重要抓手。那么非控股股东网络作为一种外部治理机制，在高度分散化的股权结构下即无实际控制人企业能否发挥其对企业投资行为的作用效力，需要立足于中国的现实背景来进行更为严谨的讨论，以增加非控股股东网络研究的普适性和可靠性。

二、研究意义

（一）理论意义

首先，探讨了非控股股东网络如何影响企业的投资活动，丰富和深化社会网络分析在公司金融领域的应用。现有大量研究在关注社会网络时未将"主体属性"和"结构特征"以及主体所在组织情景异质性进行明确区分，而是笼统地分析其作用机理。本书在分析非控股股东网络对企业投资效率影响效应的基础上，在理论上将"主体"和"结构"以及组织情景异质性纳入网络效应的考量中并在实证部分予以检验。

其次，分析了非控股股东对公司治理水平的改善，为以后研究非控股股东参与企业决策的文献提供了一定的参考。控股股东或管理层侵犯其他股东权益的案例层出不穷，从公司治理逻辑起点探究非控股股东对于企业行为的影响，最为重要的是，中国作为传统的关系型社会，从社会关系网络角度分析非控股股东多元化持股行为的经济影响，是对非控股股东治理领域的有益尝试，对于学术界更好地理解非控股股东的经济行为具有重要的理论意义。

（二）实践意义

首先，股东结构是企业决策的控制引擎，而企业资本的权益所有者——非控股股东的社会关系网络作为市场上信息和资源流动的重要纽带，可能会提高企业的投资效率，但资本逐利本质也内生地使其具有合谋倾向，导致企业投资低效率。显然，研究非控股股东网络对投资效率的影响，有助于市场各方更好地理解投资效率低的原因，对于约束企业的非效率投资行为具有重要的现实意义。

其次，非控股股东网络对企业投资的影响效力还取决于不同网络主体及其结构特征，即非控股股东网络对资源配置的影响以及非控股股东网络拥有的治理优势的讨论应该将机构投资者、个人投资者以及非控股股东的产权性质予以区别分析。这对于决策部门和政府监管部门针对性地制定发挥非控股股东网络这一非正式机制的治理作用、市场资源配置效率的政策方案具有很好的参考价值。

第二节　研究目的与研究内容

一、研究目的

本书的研究主要有以下三个目的：

（1）构建非控股股东网络影响企业投资效率的理论框架，刻画非控股股东网络影响企业投资效率的机制。从理论上解释非控股股东在多家企业持股的经济行为影响企业经营决策的机理，并在区分投资过度和投资不足的基础上探究非控股股东网络对企业非效率投资行为的治理作用。

（2）深化非控股股东网络的研究。在社会网络理论和复杂网络理论建模的基础上，深入挖掘影响非控股股东网络效应发挥的相关因素。将非控股股东网络的主体进行细分，分析非控股股东网络主体异质性（机构、个体、国有）的治理效力。

（3）加强非控股股东网络影响企业治理水平的可靠性。已有关于非控股股东的研究并未考虑非控股股东所持股企业股权结构的异质性，本书结合中国资本市场的现实背景，研究在高度分散化的股权结构下即无实际控制人企业非控股股东网络能否发挥对企业投资行为的作用效力，从而加强非控股股东网络治理领域相关研究结论的可靠性，并为现有关于非控股股东网络经济后果存在的意见分歧提供新的证据支持。

二、研究内容

本书的研究主要有以下四个内容：

（1）非控股股东网络的概念界定及网络构建。通过对非控股股东网络的文献分析和关系联结驱动因素的分解，找出非控股股东之间最正式、最基础的网络纽带——产权关联关系，以屏蔽私人连带关系存在的定义模糊、相关数据不完整和缺乏微观证据支持的问题，并借鉴社会学的网络分析方法对非控股股东网络进行明晰的概念界定。其中，非控股股东网络的构建首先将存在一致行动人关系、母子公司关系等对产权关联关系有"噪声"的节点进行整理并合并后，构建大型邻接矩阵集，并运用社会网络数据分析模型来构建非控股股东的网络集合。

（2）非控股股东网络对企业投资效率的影响。非控股股东治理是近期公司治理研究关注的重点之一，但现有经验证据并不稳定甚至相互矛盾。本书引入新的非控股股东特征——非控股股东网络，利用社会网络分析方法量化分析非控股股东在上市公司股东网络中所属位置的信息和资源禀赋对非控股股东治理行为的影响。本书首先深入挖掘非控股股东网络影响企业投资效率的内在机制；其次在区分投资过度和投资不足的基础上，进一步分析非控股股东网络对企业投资效率的作用机理。

（3）非控股股东对网络治理效力的异质性分析。在厘清非控股股东对网络经济影响的基础上，接下来对影响非控股股东网络治理效力的相关因素进行更为细致的考察，对网络主体异质性展开讨论。具体而言，不同的非控股股东在资金来源、资产性质、债务特点、委托要求、投资限制、目标偏好等方面存在显著差异，进而影响到非控股股东参与企业决策的意愿以及对公司治理的能力和效果，因此，依据非控股股东的类别特征和数量统计分析结果划分为机构非控股股东、个人非控股股东以及国有非控股股东，探究网络主体异质性下非控股股东网络对企业投资效率的不同治理效果。

（4）无实际控制人企业非控股股东网络对企业投资效率的影响。无实际控制人企业可能意味着股东丧失对企业的实际控制，导致管理层盘踞主导的内部人控制问题，那么这些无实际控制人企业非控股股东会对企业经营管理如何应对，其网络效应是否会成为无实际控制人企业治理构架和治理效果的另一条战线？因此，本书探讨无实际控制人企业非控股股东网络对于企业投资效率的影响，可以深入分析非控股股东网络的经济影响，并对未来资本市场进入股权结构高度分散、资本高度社会化下的公司治理理论构建和实践指引带来有益的借鉴和积极的启发。

第三节　研究结构与创新点

一、研究框架

本书共分为七章。

第一章为绪论。首先对本书的研究背景进行分析，明确提出主要研究问题：非控股股东网络对企业投资效率的影响；网络主体异质性下非控股股东网络对于企业投资行为的不同影响效应，并分别从网络信息效应和治理效应两方面挖掘了异质非控股股东治理行为差异的影响路径；针对无实际控制人企业的特殊股权结构模式，非控股股东网络能否发挥其外部治理机制来影响企业行为，以及非控股股东网络的治理路径又是如何需要另外进行更为谨慎的讨论。接着分析了本书研究的理论意义和实践意义。本章的第二节分别从逻辑框架、网络构建以及治理水平可靠性三个方面提出了研究目的，并就本书的理论逻辑框架提出了主要的研究内容。本章最后介绍了本书的结构安排、研究方法以及技术路线图，并总结了本书可能的创新之处。

第二章为概念界定与理论基础。首先结合社会网络理论以及社会网络分析方法对非控股股东网络的分析和概念进行了清晰的界定；其次回顾和梳理了投资理论、社会网络理论以及公司治理相关理论，为深入探讨非控股股东网络与企业投资效率之间的相关关系并构建两者之间的逻辑框架打下了坚实的理论基础，捋清了分析脉络。

第三章为文献综述。首先通过文献收集、理论推演、归纳分析的方法整理并评论相关文献研究，包括对网络测度、影响因素和经济后果的非控股股东的相关研究以及投资效率的测度、驱动因素和监管治理的相关研究。其次发现现有研究的缺陷和不足之处，分析并总结本书的研究逻辑。

第四章为非控股股东网络与投资效率。本章首先使用网络中心度作为非控股股东网络位置的测度指标，Richardson 的投资效率估计模型衡量企业非效率投资水平。基于非控股股东网络的前期研究积累，就非控股股东网络如何更好地发挥对投资效率治理作用这一研究话题，并在社会资本理论和结构洞理论的基础上，根据委托—代理理论和社会经济学的网络嵌入理论，分别提出治理和合谋两种假说，并分别从网络关系和结构的嵌入效应以及网络治理效应角度探究非控股股东网络的影响效应（见图 1-1）。其次进行研究设计，包括介绍核心变量测度方式、数据来源和样本选择以及实证模型。再次是实证检验和结果分析，包括描述性统计分析、主样本回归分析、内生性和稳健性检验。最后对非控股股东对企业投资效率的影响机制进行更为细致的考察。

第五章为主体异质性下非控股股东网络与企业投资效率。首先从非控股股东网络影响企业行为的异质性动因角度进行分析，然后按照非控股股东网络的统计特征和主体特征，结合中国证券市场的情况，分别从机构非控股股东网络、个体非控股股东网络和国有非控股股东网络出发分析其对于企业投资行为的不同影响效应，沿着不同网络主体对企业投资效率的作用机理提出研究假设（见图 1-1）。接着进行研究设计，包括介绍核心变量测度方式、数据来源和样本选择以及实证模型。然后是实证检验和结果分析，包括描述性统计分析、主样本回归分析和稳健性检验。最后对不同非控股股东网络对企业投资效率的影响机制进行更为细致的考察。

第六章为无实际控制人下非控股股东网络与企业投资效率。针对无实际控制人企业作为资本市场股权分散化的极端典型，非控股股东网络能否发挥其治理效力来增加非控股股东网络研究的普适性和可靠性。在此基础上，分别从实际控制人的治理逻辑、无实际控制人的治理隐患以及非控股股东的网络治理效应三个方面展开理论分析，提出研究假设（见图1-1）。接着进行研究设计，包括介绍核心变量测度方式、数据来源和样本选择，以及实证模型。然后是实证检验和结果分析，包括描述性统计分析、主样本回归分析、内生性和稳健性检验。最后对无实际控制人企业非控股股东网络对企业投资效率的影响机制进行更为细致的考察。

第七章为研究结论与展望。首先介绍了全书主要的研究结论；其次理论结合实际分别从微观企业、非控股股东、投资者以及政府和监管部门角度给出本书的管理启示和政策建议；最后分析研究的局限性和未来展望。

从研究目标出发，依据本书的研究框架，研究内容主要由三大部分有机构成，包括核心研究问题分析、异质性分析、特殊情景分析，其中，虚线为可能影响机制和作用效果，实线为实际作用效果，如图1-1所示。

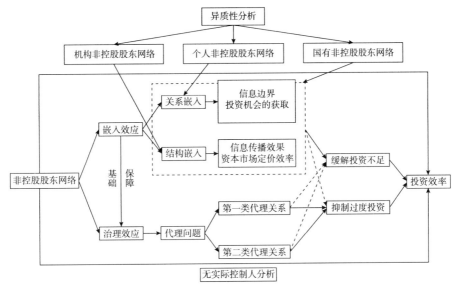

图 1-1　非控股股东网络与企业投资效率分析框架

二、研究方法与技术路线

1. 研究方法

本书主要采用规范分析和实证检验相结合的方法。规范分析为本书引出研究问题、认识问题和发展问题奠定基础，而实证检验则为剖析和解决问题提供证据支持。

（1）规范研究法。在文献综述部分，对非控股股东网络的测度、非控股股东参与决策的动机、网络对非控股股东决策行为的影响、经济后果文献以及投资效率的驱动因素和监管治理文献进行了梳理和分析。在理论分析部分，基于理论文献和现实背景构建了非控股股东对企业投资效率的分析框架，对非控股股东网络对企业投资的作用机制进行深入分析，并分别从主体异质性、环境异质性以及特殊股权结构情景三个方面分析了非控股股东网络对企业投资效率的治理逻辑。

（2）实证研究法。主要体现在第四章至第六章进行描述性统计、普通最小二乘法（OLS）回归模型、在内生性问题和稳健性处理中使用倾向得分匹配法（PSM）和 Heckman 两阶段回归法以及安慰剂检验等对研究问题进行分析。在进一步机制分析中，采用调节效应模型、中介效应和分组回归进行机制检验。

2. 技术路线图

依据"问题提出—文献研究—理论构建—实证分析—建议提出"思路展开，技术路线如图 1-2 所示。

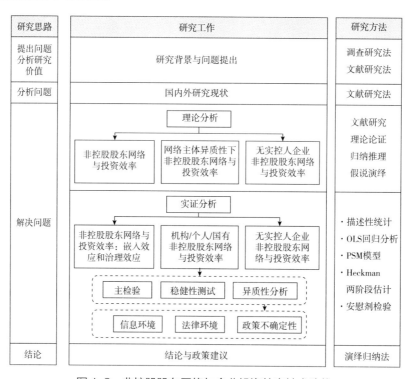

图 1-2　非控股股东网络与企业投资效率技术路线

三、研究创新

本书主要有以下三个创新点：

（1）探讨了非控股股东网络的治理行为，将代理理论从企业层面拓展到网络层面。本书从社会关系网络的视角出发研究非控股股东对企业发展的影响，并将决定着"非财务信息或资源"的网络主体异质性和组织情景因素无实际控制人企业纳入非控股股东网络的考量中，结合主体属性和结构特征的异质性，系统地构建了非控股股东网络影响企业行为的分析框架，丰富了非控股股东对网络经济影响的相关文献。非控股股东网络的实证研究才刚起步，且研究观点也并不一致，本书是对公司金融领域的社会网络分析及非控股股东网络的经济后果研究的有益尝试。

（2）拓展了企业投资效率的研究视角。历史文献分别从管理层特征、制度变更及所有权性质等因素角度对投资效率展开讨论。本书基于非控股股东网络这一资本市场中普遍存在的经济现象，研究其对投资效率的影响，有助于市场各方更好地理解企业的投资决策。另外，将非控股股东主体属性和其所在组织情景纳入对企业投资活动的异质性分析中，有助于政府监管部门在充分发挥非控股股东网络治理作用的同时，针对性关注并警惕非控股股东所有权关联关系对市场体系和经济转型升级的负面影响，分析师、投资者等市场参与者应充分借助非控股股东网络这一非正式机制，合理甄别这一信号以降低预测偏误及投资风险。

（3）本书的研究设计区别于以往多采用股权结构等相关的静态指标，也并未使用社会网络分析方法中"属性"衡量指标，而是基于"关系"数据来构建非控股股东网络数据集。由于"属性"和"关系"的侧重点不同，早期在公司财务领域的研究多使用"属性"作为衡量指标，但社会网络更多强调的是系统的"关系"联结形式以及"结构"特征，而并不限于网络主体的"属性"。因此本书将主体属性通过社会网络分析方法纳入关系和结构研究中，并将存在一致行动人关系、母子公司关系等对产权关联关系有"噪声"的节点进行整理并合并。因此，无论数据的整理还是衡量指标都屏蔽了以往指标存在的局限性，使非控股股东网络与企业投资效率的关系得到更准确深入的探讨。

第二章

概念界定与理论基础

本章首先从网络关系和网络结构方面分析非控股股东网络的产权关联关系和个体行为决策,再从"属性"和"关系"方面对非控股股东网络的构建进行明晰界定;其次在回顾投资理论、社会网络理论和公司治理理论的基础上,分析本书的理论基础,为后续相关关系研究以及机理分析构建了坚实的逻辑框架。

第一节 概念界定

一、非控股股东网络的分析

社会网络研究是社会学研究的一个理论学派,认为社会网络是由作为节点的个体行动者及其间的某种关系构成的集合,且各种微观现象和宏观现象也并不是个体行动者的简单相加,而是网络结构、个体关系和行为相互作用的结果。具体而言:行动者自组织成个体网络结构,其所属的社会网络会产生场力(在一个相对封闭的领域内,一个组织、一个经济体或一个产业等群体被称为"场",场内产生的影响力则被称为"场力")(Boudian,1966),同时,场力会影响社会网络结构(路径3),个体又在社会网络结构中取得其结构位置(路径4)。需要指出的是,场力并不直接作用于行动者而影响其行为决策,而是通过其社会关系和结构位置来产生作用力(路径6)。进而个体关系与个体结构位置影响行动者的行为决策(路径2和路径5)。社会网络在结构和行为之间搭起"桥",通过分析关系与网络结构,使微观个体行为与宏观社会现象之间的过程机制得到显现和说明(雷静,2012)。

基于图2-1网络因果循环的理论架构,分别从关系和结构两方面分析社会网络如何作用于个体行为决策,以及个体如何在网络结构中取得其结构位置。

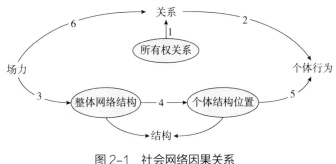

图2-1 社会网络因果关系

首先，关系研究，引爆关系研究的是"弱连接优势"理论（Granovetter，1973）。Granovetter（1973）对强连带和弱连带进行区分，认为可以从时间长短、互动频率、亲密程度（交互内容）以及互惠性服务四个维度来衡量连带关系的强弱。在强关系网络中，关系双方表现更为亲密，情感投入更多，彼此提供的更多为互惠性帮助；而弱关系网络中双方关系比较疏远，情感投入也较少。由此，在强关系网络中信息传播的重复通路更多，信息同质性很高；弱关系则更多充当信息桥的角色，异质性信息扩散和传递效果更好，更具价值。在多家企业持有股权的非控股股东起到"桥"联结作用，这一"桥"关系为企业带来了丰富和多元化的异质性信息，也成为网络成员间信息交互效率和传播效果的决定性枢纽。股东之间的产权关联关系所形成的社会网络是弱连带关系网络（黄灿和李善民，2019），边燕杰和张文宏（2001）清晰阐述了强关系和弱关系的作用机理，强关系更可能提供"人情"，而弱关系更可能提供"信息"或"资源"，且弱关系传递的往往是非冗余信息和稀缺性资源，更为重要的是，弱连带关系的缺失或消失对信息传递效果的影响远大于强连带关系（Granovetter，1973）。另外，利用所有权联结关系作为非控股股东网络构建的关系界定，一方面建立于弱连带关系基础之上；另一方面由于股东之间的联结关系较为复杂，产权关联关系不仅是股东之间最正式、最基础且更加稳固的网络纽带，而且也是一种隐性契约和经济利益关系，相较于老乡关系、校友关系等社会关系，可以获取完整准确的数据并能清晰界定和测度，也是股东行为的直接体现。因此，本书定义的股东网络为在同一家上市公司持股所形成的产权关联关系，在此基础上搭建的非控股股东网络为剔除其网络中控股股东之后建立的直接或间接联结关系（马连福和杜博，2019）。

其次，结构研究，最具代表性的是"镶嵌理论"（Granovetter，1985）和"结构洞理论"（Burt，1992）。Granovetter（1985）提出的镶嵌理论主张个体的经济行为镶嵌在社会关系网络中。关于网络嵌入性如何影响个体行为决策，学术界分别从"量"和"质"的角度给出解释，其中关系嵌入水平越高，与其他网络成员间的联系越多，信息通过扁平密集网络的传递和扩散渠道更多，这促使个体能够快速获取更丰富的信息，进而对其行为决策产生影响；而结构嵌入通过提供非冗余的"桥"使个体能够突破原有的信息搜寻路径依赖，在新的信息网络边界挖掘其所需的异质性信息。Burt（1992）认为，社会网络中某个或某些个体之间不存在直接联系的现象，在网络整体投影图中，这一间断现象类似于网络结构中出现了洞穴，其中在网络中占据"桥"位置或"洞穴"位置的行动者为无直接联系的个体间搭建起交流的平台，并且"桥"两边连接的个体越多，占据的结构洞越丰富，拥有的信息优势和控制优势越明显。信息优势主要体现在收集信息成本和获取信息时效性上；控制优势体现在占据其他网络成员相互交流的关键路径、控制信息传递效率和准确性以及对良好发展机会的控制权力上。而个体结构位置的自变量主要取决于个体因素，换言之，个体异质性直接影响其关系嵌入和结构嵌入水平，进而影响个体结构位置，因而占据的信息优势和控制优势也存在差异。具体表现在非控股股东网络主体中，网络主体属性不同，其持股目的、投资理念及资源禀赋等方面则存在差异，占据的结构位置也不相同，不同类型的网络主体主要包括证券投资基金、社保基金、QFII 等与企业存在投资关系的独立机构投资者，信托公司、财务公司、保险基金公司等与企业存在商业关系的非独立机构投资者以及个人投资者。相较于个人投资者，机构投资者拥有理性投资理念、丰富的历史投资经验、专业信息获取和处理能力以及规模经济效应等资源优势。

证券投资基金具有明显于其他类型机构投资者的先发优势：信号效应，不仅在于政府主管部门先后出台 120 余项倾向性地引导和鼓励证券投资基金发展的规章制度、支持政策和指导意见，而且基金公司的人才优势具有突出的专业化形象，这使证券基金整体得到快速发展。社保基金在 2003 年 6 月正式入市，具有追求长期稳定投资回报的特性。QFII 在《合格境外机构投资者境内证券投资管理暂行办法》的指导下于 2003 年正式入市，其多为长期且呈价值导向的投资者，拥有强大的资金实力、丰富的投资管理经验和独特的投资理念。除此之外，信托公司、财务公司、保险基金公司等可能与企业存在某种商业关系（袁知柱等，2014），加之其行业竞争格局尚未形成，因此其固有属性使其投资结构相异于独立型机构投资者，并不仅是追求投资收益最大化。显而易见，网络主体异质性问题有必要纳入非控股股东的考量中，不同类型的非控股股东所有权关系联结的主体不同，使其在网络中个体结构位置也不同，个体网络结构则影响着非控股股东网络效应的发挥并最终直接作用于非控股股东的行为决策。换言之，在探究非控股股东网络整体上对企业投资效率作用效果的基础上，将非控股股东的异质性分别进行讨论，并通过严谨的统计分析验证不同的非控股股东网络能否对投资效率产生影响以及在治理企业投资效率上的差异性。

二、非控股股东网络的定义

社会网络分析是一种融合心理学、人类学和社会学的跨学科的研究方法，提供了一系列系统研究工具，运用结构或关系数据去研究问题（Granovetter，1973），将社会理论和行为理论的概念通过考察网络中个体之间的关系进行量化。并且社会网络学者在"关系"的基础上对信息和资源的获取及控制权力通过"网络权力"这一社会科学领域的重要概念来进行定量分析，得到多种关于网络权力的量化指标，主要包括中心度和结构洞指数，这被称为社会网络分析对权力研究的独立贡献（刘军等，2011）。中心度作为对个人权力的量化分析，是社会网络理论中非常重要的一个分析方法（Freedom，1979）。衡量中心度的标准指标中应用最为广泛的是程度中心度和中介中心度。网络中的中心度高位者通过关系嵌入和结构嵌入占据着"信息利益"和"控制利益"：一方面是与不同节点之间建立联系，这种直接联结成为其所在组织获取和共享异质性信息、稀缺性资源的重要机制；另一方面是跨越组织界限的结构嵌入，依靠其网络结构优势对信息流动效率和信息传播效果具有决定性的控制权力。同时，权力较大的个体在整个网络中议价能力更强，其网络效应带来的影响力和控制力更强、更有价值。这种嵌入优势恰恰成为网络权力转化为一种社会资本的机制。

非控股股东通过"局部桥"联结形成的网络中，关系节点就是网络中的单个股东，并在网络节点属性方面，一方面通过年报阅读对股东之间存在母子公司关联以及一致行动人协议等信息进行手工整理合并，以排除股东持股比率与投票权不一致的情况（姜付秀等，2018）；另一方面将经整理合并后的股东中持股比例低于3%的节点进行剔除，因为依据《中华人民共和国公司法》规定，上市公司持股单独或合计持股3%以上的股东可以向股东大会提出议题和议案，即持股3%以上的股东才可能对公司的治理和经营具有重大影响，并且出于样本量的考量，既有文献在个体层面公司持股5%的界定门槛相对于3%的持股门槛会造成27.9%的样本数据损失，非控股股东网络层面这些损失的样本量又造成12.8%的"关系"数据集在初始网络构建中被排除，社会网络研究对数据缺失尤其敏感，这些"关系"联结在网络层面的缺失可能会造成实证结果的偏差，甚至影响研究结论。另外在关系联结界定方面，纽带为股东与股东之间的所有权联结关系。可用图2-2揭示公司层面的非控股股东网络：股东节点包括节点1到节点9，节点A到G表示公司，有向边连接表示股东在公司持股，即由源节点股东投资于目标节点公司，公司通过股东建立关系。例如，股东3和股东5都投资了E公司，箭头代表了这一"关系"，此外，股东3又投资A公司，但投影图中公司A没有其他股东持股，即不同的股东投资于同一家公司E，股东3成为公司A和公司E的"桥"连接。而个体层面的非控股股东"局部桥"连接构建的网络如图2-3所示：节点之间的连接表示两个股东在同一家公司持股，即节点之间通过一条无向边连接起来。例如，股东5同时投资于公司D和E，即股东5成为股东2与股东3之间的"局部桥"。

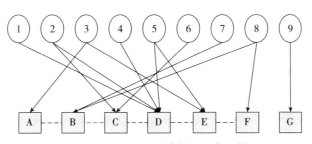

图 2-2　公司层面的非控股股东网络

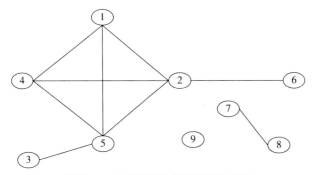

图 2-3　个体层面的非控股股东网络

第二节　理论基础

一、投资理论

（一）古典经济学投资理论

1. 凯恩斯投资理论

面对 20 世纪 30 年代经济大萧条时期企业长期面临的投资不足问题，Keynes（1936）用资本边际效率与实际利率之间的关系来作为投资行为的依据，其"利率决定投资水平"理论也是较早涉及投资效率的理论。凯恩斯投资理论对于分析企业投资决策具有重要的理论意义，但其仅从宏观视角分析实际利率对于投资决策的影响，而并未对投资决策因素进行深入细致的讨论。

2. 投资加速原理

Clark（1917）的投资加速原理是 20 世纪初具有重要影响的宏观投资理论，其构建于投资函数的基础上，认为最佳资本存量与产出成正比。后经 Harold（1939）的简单加速原理、Chenery（1952）和 Koyck（1954）的伸缩加速原理等对模型的调整和完善，形成了西方宏观经济理论体系的加速投资理论。但加速模型的假设前提无论是投资产出的加速系数还是时滞性均与企业投资实践存在较大的背离。

3. 乔根森最优资本函数理论

Jorgenson（1963）将投资优化的重点从以往仅关注宏观层面分析转移到企业微观基础上，以资本成本作为投资决策的重要条件，从企业利润最大化的视角纳入产出量、价格和成本以及投资时滞等因素来确定最优资本存量，从而形成一个相对全面的动态资本函数。

4. 托宾 Q 理论

Tobin（1969）在研究货币政策传导效应时，提出了著名的 Q 理论，其中 Q 值被定义为企业市场价值与资产的重置成本之比，并利用 Q 值的大小来指导企业的投资行为，反映企业投资的动态决策过程。Q 理论引入资本品的调整成本函数，弥补了古典投资模型在解释资本品结构调整时与现实相背离的理论缺陷，从而更具有普遍性和现实意义。然而，Q 值反映的是"边际"概念，资本市场无法对"边际 Q"值进行直接观测和估算，因而往往利用"平均 Q"值来代替"边际 Q"值进行研究，这使检验结果存在较大偏误。

尽管古典经济学框架下的投资行为研究在理论上解释了企业的投资活动，但其严格的假设前提与经济活动现实相悖，无法解释现实的经济现象，使研究结论缺乏微观证据的支持。20 世纪 70 年代以后，随着现代公司治理理论和新制度经济学投资理论的发展，学者们逐渐放宽完全理性、完全信息对称、完全竞争以及经理人与股东利益一致的假设，开始将代理冲突、信息不对称、不确定性等因素纳入投资行为的考量中。

（二）新制度经济学投资理论

新制度经济学投资理论具体表现在以下两个方面：

（1）有限理性。信息不对称的存在使个人在决策过程中难以收集到足够的信息，并且有限理性使其难以做出最优决策，这就导致了投资的非效率。

（2）交易成本。由于有限理性、机会主义等因素的驱使，市场交易成本较高，其中有限理性约束导致了不完备契约，而机会主义则导致额外的风险。企业被视为契约体系的扭结点和一种治理结构，可以节省交易成本，但在内化市场交易成本时，也产生一系列额外费用。

1. 委托代理理论与投资效率

Berle 和 Means（1932）提出的委托代理理论开创了现代公司治理研究的逻辑起点，Jenson 和 Meckling（1976）则最先把代理理论引入资本结构的研究中，随后 Jenson（1986）又提出自由现金流代理理论，认为所有权和控制权的分离是委托代理关系的根源。由于契约不完备以及企业各利益主体之间的信息不对称，代理人可能利用其受托的控制权牟取私人利益，相悖于委托人利益最大化原则。

第一，股东—管理层代理冲突与投资效率。股东和管理层之间利益不一致的根本原因是所有权与控制权的分离，利益双方的目标函数存在较大差异，因而管理层在"帝国建设"、职业担忧、短期机会主义、过度自信、羊群行为或追求高于市场水平的薪金和津贴等动机驱使下会做出侵害股东利益的投资决策，发生企业投资行为的扭曲，导致非效率投资现象的产生。

第二，控股股东—中小股东代理冲突与投资效率。当股权较为集中时，控股股东利用其在企业控制权上的主导地位实施有利于自身利益的投资，控制权和现金流权的分离使控股股东在时间和空间维度上能够控制更大规模的资源来获取货币性资产收益或非货币性的收益。此外，控股股东也可能将企业自由现金流用于牟取私利，放弃投资于净现值大于零的项目，导致企业的投资低效率。

2. 信息不对称理论与投资效率

信息不对称理论最早由 Akerlof（1970）以二手车市场"柠檬问题"为例进行阐述，随后成为微观经济学领域的核心理论之一。

第一，事前信息不对称与投资效率。事前信息不对称体现在股权融资的逆向选择模型中，Myers 和 Majluf（1984）通过构建信息不对称条件下公司投资决策模型，分析了发行股票融资中的逆向选择问题，并建立了不完美市场下的融资优序理论。当企业配股融资时，外部投资者只能依据市场上传递的有限信息，对股价或潜在风险做出判断，认为管理层选择增发新股的融资是出于风险分担的考虑。因而外部投资者会通过"风险贴水"以较高的风险溢价来弥补潜在的损失，导致外部融资成本较高，企业则由于缺乏足够的资金而无法投资于净现值为正的项目，产生投资不足现象（叶玉妹，2009）。此外，Heinkel 和 Zechner（1990）在研究企业投融资行为时，发现信息不对称也会引起投资过度。由于市场只能按照全部企业的平均价值来确定企业发行新股的价格，而无法通过项目的净现值将全部企业进行分离。高估的股票使企业可能实施净现值为负的项目，导致投资过度。

第二，事后信息不对称与投资效率。"道德风险"是指在缔结协议后由于交易双方存在信息不对称，交易一方也无法时刻监督到另一方的行为而只能观测到其行为结果，占据信息优势的一方为实现其利益最大化，可能会采取机会主义行为以损害信息劣势方的利益。在委托代理关系中，信息不对称可能引发代理人的道德风险，一方面，偏好偷懒或享受平静生活的代理人为逃避监管责任而减少投资，或为了最大化私人收益，把所有可支配的资金都用于投资项目；另一方面，控股股东与中小股东之间的利益冲突，可能导致控股股东以担保、借贷等方式掏空企业，使企业因投资资金匮乏而产生投资不足，也可能与管理层合谋以高于市场水平的价格购买控股股东的资产或投资于能使控股股东享受协同效应的投资项目。

二、社会网络理论

英国人类学家 Brown（1940）在描述社会结构时首次提出了"社会网络"的概念，将这一概念用于探究文化是怎样规定内部成员间的行为的。Barnes（1954）将"网络"应用于社会人类学问题的研究，自此打开了社会学研究的新视角。随后经过 Granovetter（1973）、Burt（1992）以及 Lin（1990）对网络理论及其分析方法研究的不断深入，逐渐形成一套系统的社会网络理论体系，成为当今社会学研究的一个重要组成部分，并成为在经济学、管理学、政治学以及公司金融学等领域越来越受到重视，且适用于多领域研究的重要理论工具。其中，以 Granovetter 为代表的强弱连接理论和网络嵌入性理论、以 Burt 为代表的结构洞理论以及以 Coleman 和 Putnam 为代表的社会资本理论构成社会网络理论的核心理论体系。

（一）强弱连接理论

Granovetter（1973）在《弱关系的力量》中开创性地提出"关系力量"的概念，明确将"关系力量"分为强连带关系和弱连带关系，将关系强弱通过以下四个维度进行衡量：①互动频率，互动频繁为强连接，反之为弱连接；②亲民性，关系紧密、投入情感较多为强连接，关系较为疏远为弱连接；③互惠性服务，彼此之间频繁提供互惠性帮助多为强连接，反之为弱连接；④时间长短，认识和互动时间较长为强连接，反之为弱连接。由此，Granovetter 提出了"关系充当信息桥"的重要观点。其内在机理在于，强连接的行为主体之间的背景、文化、资源来源和知识结构等趋同度较高，即在强连接交流过程中，虽然互动、关系更为密切，但彼此之间在信息传递上造成了冗余和浪费。而由于弱连接的行为主体之间的异质性程度较大，因此在弱连接交流中，知识、资源、信息共享和传递更有价值。显而易见，弱连接的理论基础建立于逆向思考强连接的主体趋同性，以及趋同主体容易产生强连接的内在逻辑之上。

此外，也有众多学者拓展了强弱连接理论的主体框架，将传统形式上的二元直接关系延伸至第三方间接连接角色的信息效率中，Hansen（2002）从信息成本的视角，验证了弱关系更有利于拓展知识搜索边界，且社会约束的减少导致能够更容易在弱关系连接网络中共享信息。Lin（2005）在 Granovetter（1973）"弱连接优势理论"的基础上，进一步强调了弱连接的作用不仅局限于异质性知识和资源的交流问题，同时网络主体资源通过跨越不同阶层、不同个体和组织的界限，把不同个体特征的网络成员联结起来，成为专有性资源交换以及私有性信息获取的主要渠道。同时也有学者指出，尽管弱连接的信息成本较低，但第三方中间人的认知能力和吸收能力有限，时间和精力的分散反而不利于信息的获取，降低信息效率（Zhou 等，2009）。因此，基于上述争论，Phelps（2010）和 Wang 等（2014）等的研究通过引入情境因素和主体属性特征，将网络的构建类型进行细化来分析比较不同类型网络发挥的作用。

（二）结构洞理论

Burt（1992）在其《结构洞：竞争的社会结构》一书中分析了如何在市场中获得竞争优势，并首次提出结构洞的概念，认为在整体网络中，网络成员间不发生直接联系而造成彼此间关系间断的现象，如果鸟瞰整个网络结构，那么在网络中会出现空洞，这就是一种标准的非冗余性关系。相应地，Burt（1992）也提出了桥接的概念，占据多结构洞的行动者可以通过桥接使两个原本没有直接联系的个体或组织产生联系，进而扩大网络规模和改变网络结构，且结构洞具有挖掘网络中蕴藏的有价值信息的功能，即第三方控制的优势使其也可以获得掮客收益。

Burt（1992）进一步提出结构洞的三大优势：①有价值的私有信息的获取。占据良好位置的个体，有更大可能获得网络中潜在的有价值资源，Burt（1992）称其为"洞效果"。②资源的"第三方"控制优势。网络个体占据的结构洞越多，控制的资源越丰富，其内容细节将更加具体，进而可以利用资源优势来控制和创造投资机会。③位置优势。占据结构洞位置的个体通过自身影响力决定着资源流动方向的关键路径，进而增强信息传播效果以及资源配置效率。相反，也有部分学术提出结构洞中存在网络空隙。Singh 等（2010）认为，主体之间连接的缺失会降低网络搜索和扩散信息的速度。Balachandran 和 Hernandez（2018）提出，结构洞中网络空隙的存在会降低知识信息整合的效率。

Burt 的结构洞理论是对弱连接的概念和理论基础的追溯和延伸，发现网络中结构洞所填充的关系确是弱连接，实际上，Burt 是将 Granovetter 的观点从关系特征向网络结构进行系统化，即弱连接是以"关系"联结作为分析单位，而结构洞则是立足于网络整体的结构位置。而网络空隙的提出引起众多学者开始探索结构洞发挥优势的边界条件。Aral 和 Van Alstyne（2011）提出了网络多样性—沟通宽度权衡理论，强调了占据结构洞的中间人所嵌入信息环境的影响。其他学者则引入结构洞属性和分类来融合结构洞研究存在的分歧。

（三）网络嵌入性理论

Polanyi（1944）在《大变革》中首次提出了"嵌入"概念，认为经济行为嵌于社会关系中，且经济行为的动机来源于各种非经济因素，并不仅是盈利。

但是，在 Polanyi 提出嵌入概念后的 40 多年里并没有引起学者们的注意，直到 Granovetter（1985）重新推动嵌入理论发展。Granovetter（1985）批判了主流经济学中的社会化不足观点和社会学中的社会化过度观点，认为现实中行为主体既不可能完全脱离社会背景而独立行事，也不完全受限于社会外在规范，而是通过彼此之间的融合前进，在具体、动态的社会关系中达成目标。

Granovetter（1992）进一步将关系嵌入与结构嵌入纳入网络嵌入的分析框架中，关系嵌入是指网络中个体的行为决策嵌入于其联结个体的动态互动中，结构嵌入强调个体及其子群网络嵌入于社会结构中，正是网络关系嵌入和结构嵌入使个体之间的交互活动建立了信任的通道，保障了沟通的顺畅和交易的效率。因此，Granovetter 定义的关系嵌入实际上刻画了关系联结的特征，而结构嵌入描述了行为主体所嵌入的各种网络结构，前者是对经济行为社会嵌入的微观解构，后者则是中观解构。

（四）社会资本理论

Bourdieu（1986）最早提出社会资本的概念，从工具性的视角认为社会资本是与经济资本、文化资本相对的另一种重要的资本形态，"制度化关系网络"是社会资本获得实际或潜在资源的集合。Burt（1992）认为，在社会网络中，联结较多的主体及其所属网络具有更多的社会资本，并结合"结构洞"指出网络位置的重要性。Putnam（1993）从社会效益视角出发，强调社会资本能够通过改善个体间的交流方式和行为决策来提高社会效率，进而也提高社会资本的使用效率。在此基础上，Coleman（1994）则从功能视角将社会资本界定为个体所拥有的社会结构资源。此外，社会资本按照网络嵌入程度可以划分成结构性、关系性和认知性三个维度（Nahapiet 和 Ghoshal，1998），其中，结构性与关系性的概念建立于 Granovetter（1992）网络嵌入理论的基础上，认知资本则是基于社会规范角度。结构维度是指整体网络中各种联系普遍存在的结构特性，关系维度突出了在二元结构的人际关系中稀缺资源的获取和利用，这样的维度划分涵盖了社会资本的关系结构和资源属性的基本特征，逐步成为当前社会资本理论研究中的主流思想。

三、公司治理理论

理论界对公司治理的研究最早可以追溯到 Berle 和 Means（1932）的《现代公司和私人产权》一书，通过对美国的主流公司大量的分析研究得出，现代公司的发展从"所有者控制"变为"管理层控制"，而管理层的利益经常偏离股东的利益。此后随着公司制企业的发展，公司治理理念在西方发达国家被广泛接受并纷纷展开研究。Baumol（1959）、Williamson（1964）等分别从不同视角构建管理层与股东的利益差异模型，而激励约束机制的建立可以使管理层与股东利益保持一致。需要强调的是，公司治理从古典企业的产权安排演变到现代企业的"管理革命"，公司治理结构更加复杂，但其核心问题依然是所有权和控制权分离而产生的委托代理关系，即剩余收益权与剩余控制权在不同要素所有者之间的分配。此外，在明晰公司治理本质问题的基础上，理论界对公司治理的内涵和概念也提出各自看法和见解。部分学者认为，公司治理是所有者、董事会和经理层三者组成的组织结构，并将三者的权利、责任和利益进行明确划分和分配以完善公司治理结构（Cochran 和 Wartick，1984；吴敬琏，1994；张清，2019）；也有学者指出，合理的公司治理可以通过制度安排对企业的经营管理和绩效实现有效的监督和制衡（林毅夫，1997；Gilson 和 Roe，1999）。还有些学者认为，公司治理有狭义和广义之分，狭义的公司治理是指所有者对管理层的一种监督和制衡机制，广义的公司治理是通过一套正式或非正式的内部治理结构或外部制度安排来解决所有利益相关者的利益冲突问题（陈键，2017；林润辉和李维安，2000）。由此可见，公司治理是多层次多维度的概念，既包括组织结构安排、利益相关方权责划定等治理结构设计，又涵盖经理人市场、监管部门以及产品市场等外在制度安排。

　　总体而言，目前学术界普遍认为公司治理体系是内部治理和外部治理的统合，且内部治理和外部治理是相辅相成、动态互动的。其中，内部治理的理论基础建立于委托代理理论和产权理论之上，是通过对代理人实施有效的激励约束机制，以合理配置股东、董事、监事以及管理层等各个利益主体之间的剩余控制权和剩余索取权而进行的产权制度安排；外部治理则是基于市场竞争理论，通过立法和司法及其调整建立起对企业经营信息、行为客观评价的市场环境和交易成本低廉的竞争机制，以达到对企业管理层进行有效监督和激励的目的。为了最大化股东利益和企业利益，现代企业制度对股东享有权利和承担义务进行了明确的规定，即在法律意义上，股东是企业的资本所有者，享有相关的收益，也承担相应的风险。在企业经营管理活动中，多数股东并不直接参与企业的日常运营，但为减少所投入资产是否被恰当使用以及企业的经营决策是否科学等这类代理问题的发生，股东有强烈动机去监督、激励管理层努力工作，这也正是产权理论关注的核心内容之一。遵循这一理论所订立的法律规定，股东除了拥有资产支配、处置、收益等剩余索取权之外，还被赋予参与企业重大决策、选举董事会等监督机构的权利。这样的一种制度安排，不仅使股东有足够的能力可以有效行权，也最终确立了股东在公司治理机制设计中的核心地位。

　　具体而言，股东参与公司治理的正式或非正式机制从以下三个方面体现：

（1）股东提案。股东有权查阅财务会计报告、会议记录以及债券存根等资料，并对企业的经营提出建议，包括直接否决存在控股股东掏空嫌疑的资产重组、关联交易等提案，要求董监高列席股东会议并对其存在自利动机的行为决策提出质询。当然，股东也可以直接通过投票对有利于企业发展或自身利益最大化的经营方针和投资计划进行支持。

（2）董事会治理。不同的董事会成员代表不同的利益群体，且在董事会发挥的话语权不一样，发挥的作用也不同。其中，在完成股权分置改革的大背景下，非控股股东参与企业经营决策的重要路径依赖于其代表董事，相应地，作为由非控股股东直接委派的董事不仅直接根据非控股股东的意志行使主权，代表非控股股东参与企业经营决策，并向其负责，而且通过对控股股东或经理层形成代理权争夺，更能实现非控股股东对企业经营的监督控制，抑制控股股东或经理层的机会主义行为。

（3）私下沟通。股东提案、投票表决等法律赋予股东的正式权利成本较高，如果可以直接沟通解决问题，那么股东更倾向于选择成本较低的信函、电话、见面交流等私下协商的方式（又称关系投资方式）就企业经营决策、业绩以及治理行为等问题进行沟通。随着股东话语权和影响力的不断提升，提案通过率显著提升，企业管理层为了避免股东提案而导致的股价波动、融资约束以及决策效率下降等问题，往往在股东正式提出议案之前已经对其经营决策做出调整。因此，尽管提案和投票表决作为"可置信威胁"和"最后手段"必不可少，但股东首先采取的往往是先私下协商、讨论，而只有在这一方式无效时，才会采取其他积极干预的方式。

本章小结

首先，在已有定义和界定基础上，结合本书的研究，对非控股股东网络的概念从关系联结形式到节点属性分别进行了界定和定义。

其次，回顾和梳理了投资理论、社会网络理论以及公司治理相关理论，其中，在新制度经济学放宽了理性经济人、信息完全、有效资本市场等一系列严格假设的框架下，委托代理理论和信息不对称理论以更加接近现实情境的方式分析投资决策行为，并解释了两权分离的现代企业制度中非效率投资行为；弱连接优势理论、结构洞理论、嵌入理论以及社会资本理论则分别从关系和结构的视角分析了现实中社会网络对行为主体经济行为的影响以及主体的经营决策活动与其关系网络动态互动过程；在公司治理理论中内部治理、外部治理的分析范式则更好地解释了对企业非效率投资的治理逻辑。总而言之，投资理论、社会网络理论以及公司治理理论形成一套系统的逻辑框架，为深入探讨非控股股东网络与企业投资效率之间的相关关系并构建两者之间的逻辑框架打下了坚实的理论基础。

第三章

文献综述

本章首先梳理已有对非控股股东网络和投资效率测度的研究，以找出适用于本书研究内容和分析框架的变量衡量方法和研究模型；同时对非控股股东网络和投资效率的相关研究进行综述，其中，对影响非控股股东网络效应发挥的因素、非控股股东网络对于企业行为的影响以及投资效率的影响因素和非效率投资行为的监管治理分别进行梳理和归纳，进而发现现有研究的缺陷和不足之处，并在前文的理论基础上，找出值得进一步讨论的研究问题以及厘清本书的研究逻辑。

第一节　非控股股东网络的相关研究

一、非控股股东网络的测度

社会网络分析主要存在"属性"和"关系"两类研究，即对网络的测度也分别从"属性"和"关系"这两个不同关注点来进行分析。早期在公司财务领域的研究多使用"属性"作为社会网络的衡量指标，主要体现在以下两个方面：一是通过虚拟变量 0 和 1 赋值来测度关系是否存在；二是将网络在程度上进行一级连接和二级连接的细分，一级连接针对同一个体，二级连接则是不同个体同一组织，但无论如何划分，其归根结底依然是基于"属性"。近年来，随着微观"关系"数据的不断丰富以及网络分析方法的发展，众多学者在"关系数据"的基础上利用中心性、凝聚性、关联度等网络关系或结构特征指标展开深入分析。

（一）"属性"衡量指标

属性变量（成分变量）是由 Fienberg 和 Wasserman（1981）首次引入网络模型构建中，其将个体相关特性置于网络数据集合来形成子集，各子集中的行动者在模型中被假定为具有类似的行为。换言之，属性变量测量的是行动者的相关特性，归于普通社会和行为科学范畴，通常从个体行动者层面来界定。在研究董事网络时，一些学者在企业层面上采用连锁董事联结同行业企业数量、第三方企业是否存在共同董事以及在个体层面上构建是否存在连锁董事关系、连锁董事数量等属性变量进行社会统计分析。Davison 等（1984)以澳大利亚 187 家公司为样本，发现如果两家企业存在共同的董事关系，两家企业很大程度会聘用同一家会计师事务所。Cai 等（2012）在研究董事网络与并购交易活动时，将董事连接进一步细分为一级连接和二级连接，即两个企业有共同的董事为一级连接，两个企业分别有董事在第三方公司为二级连接。和董事网络的属性变量类似，非控股股东网络"属性"指标同样从股东数目、是否持股、持股比例总和以及持股同行业企业个数等方面来测度。He 和 Huang（2017）在研究机构投资者治理外部性时，利用哑变量将同时持有本企业及同行业其他企业股份数量与流通股股数之比大于等于 5% 的机构投资者的所属企业取值为 1，否则取 0。Chen 等（2018）借鉴 He 和 Huang（2017）的衡量方式，发现在多家企业同时持股的机构投资者有助于企业为投资机会融资。严苏艳（2019）在考察共有股东对企业创新投入行为的影响时，采用了是否存在共有股东、共有股东个数以及共有股东联结企业数量等属性变量。同样，潘越等（2020）在季度层面构建同时持有多家企业股权的股东数目来研究其对于企业投资效率的影响。

（二）"关系"衡量指标

相较于"属性"研究将行动者的属性作为基本解释单位，"关系"研究则侧重于行动者之间连接关系所导致的网络结构差异性。换言之，任何个体都处于一个更大的系统内，可以将关系看作行动者系统的"属性"，而不仅局限于行动者自身的"属性"。因此，"关系"研究可能会优于"属性"研究。此外，社会网络分析的基本假设也指出结构性关系相较于个体属性更为重要，且结构性关系是个体、群体或组织动态互动的过程。众多网络学者在"关系"的基础上对网络结构进行定量分析，主要包括中心度分析（刘军等，2011；赵颖斯，2014；安维东，2016）。中心度是对个人在网络中位置优劣的量化分析，衡量中心度的指标有两种：一种关注于局部网络结构，包括程度中心度、中介中心度以及接近中心度；另一种则是在整体网络结构基础上的特征向量中心度。

1. 程度中心度

程度中心度在社会学意义上表示行动者的社会地位，在组织行为学意义上表示行动者的网络权力。在社会网络中，程度中心度是个体关系数量的总和，反映行动者的活跃程度及核心程度。程度中心度（C_D）的计算方法如下：

$$C_D(n_i) = d(n_i)/(g-1) = \left(\sum_j X_{ij} \right)/(g-1) \qquad (3-1)$$

式中，X_{ij} 表示行动者 j 是否与 i 有关系，如果 i 与 j 有关系，$X_{ij}=1$，否则为 0；g 表示整个网络所拥有的节点总数，（$g-1$）则是某一节点在网络中最大可能的关系数，由于不同年份网络节点数目不一，因此，为使不同年份的社会网络具有可比性，利用（$g-1$）进行标准化处理以消除规模差异。

2. 中介中心度

中介中心度衡量了一个人作为媒介者的能力，即行动者在个体之间、个体和群体之间以及群体和群体之间沟通和协调的中介程度，这一"局部桥"可以带来中介利益——包括信息和资源利益以及操控利益。中介中心度（C_B）的计算方法：

$$C_B(n_i) = \left[\sum_{j<k} g_{jk}(n_i) / g_{jk} \right] / \left[(g-1)(g-2) \right] \qquad （3-2）$$

式中，g_{jk} 是行动者 j 与行动者 k 相联结必须经过的捷径数，$g_{jk}(n_i)$ 是行动者 j 连接行动者 k 的捷径路上行动者 i 的数量。

3. 接近中心度

接近中心度是以距离为概念来衡量节点的中心程度。但该中心度指标对网络图形要求较高，必须是完全相连图形，才得以计算接近中心度，否则，如果两个人无法到达，那么没有距离可言。接近中心度（C_c）的计算方法：

$$C_c(n_i) = \left[\sum_{j=1}^{g} d(n_i, n_j) \right]^{-1} \qquad （3-3）$$

式中，$d(n_i, n_j)$ 表示行动者 i 到行动者 j 的距离，即两个节点之间的捷径的长度，$C_c(n_i)$ 等于行动者 i 到其他各行动者之间距离之和的倒数。

4. 特征向量中心度

特征向量中心度与程度中心度的计算方法相似，但程度中心度只计算行动者在网络中直接连接的数量，特征向量中心度则在计算与其周围行动者连接数量时，对与周围各个节点的程度中心度加权，再进行求和。特征向量中心度（C_E）的计算方法：

$$C_E(n_i) = \lambda \sum_j b_{ij} E_j \qquad （3-4）$$

式中，λ 是恒量，为行动者通过网络关系构成的邻接矩阵的最大特征值，E_j 为行动者 j 中心度的特征值。

二、非控股股东网络的影响因素

（一）非控股股东参与企业决策的动机

非控股股东参与企业决策是发挥股东积极行动主义还是消极主义，在 20 世纪 80 年代并购浪潮后，在公司治理领域受到学者们和实务界的广泛讨论，但目前还未对"股东积极行动主义"和"股东消极行动主义"进行严格、科学的界定。一般来说，无论是股东积极行动主义还是消极主义更多是一种实践的表现形式或参与企业治理行为的动机选择 。

1. 积极行动主义

股东积极行动主义最早产生于美国，在经历了 20 世纪 80 年代后期收购市场的繁荣后，收购成本过高、资本市场流动性不足以及管理层采取诸如毒丸战略等反收购手段或滥用收购保护政策等问题开始暴露，这些结果的出现与股东通过接管市场以约束管理层并解决股东和管理层之间代理冲突的盎格鲁－撒克逊治理体系的初衷相悖，极大损害了股东的利益。因此，非控股股东逐渐意识到仅仅"用脚投票"不足以真正实现其利益最大化，并开始探索公司治理的新途径，股东积极主义即非控股股东通过股票直接控制来参与企业经营管理活动开始兴起（高源，2012）。随着经济全球化和信息时代的不断推进，股东积极主义通过国际投资和典型示范效应等方式被传递到世界其他国家，中国作为最大的发展中国家和世界第二大经济体，多层次资本市场体系以及投资者保护、信息披露以及市场监管等法律制度逐步完善，我国主要的市场参与主体非控股股东发展迅速，持有的企业股权规模也不断膨胀。"股数效应"和"规模效应"的发挥使非控股股东有更强烈的动机选择股东积极行动主义。

（1）"股数效应"。非控股股东同时持有多家上市公司股权而持股较为分散，即在上市公司中仅拥有有限的话语权，这使其往往采取一种被动的、"用脚投票"的投资策略来维护自身利益。但当非控股股东持股比例较大并成为上市公司占支配地位的股东时，现有法律制度和监管体系使其难以通过股票市场直接退出企业而又不影响该股票的价格，并不牵连其他持股企业的市场表现，即"用脚投票"的成本与以前相比大大上升。显然，只要参与公司治理所获收益大于"用脚投票"的成本，非控股股东就有足够动机参与企业决策，这就是支持非控股股东参与公司治理行为的"股数效应"。假定非控股股东单一持有股票，如果 $Pa \geq Pb+C/S$，那么非控股股东选择参与公司治理，其中 Pa 表示治理后的企业股价，Pb 表示治理前的股价，C 表示非控股股东参与公司治理所付出的总成本，S 表示其持有的股数。需要指出的是，治理总成本 C 对于非控股股东持有股份而言是一个常数，则随着股数 S 的增加，每股治理成本 C/S 递减，$Pa \geq Pb+C/S$ 的概率随之增大。总之，"股数效应"的原理意味着大股东更有积极性参与公司决策来改善公司治理水平。

（2）"规模效应"（"公司数效应"）。当非控股股东同时投资多种股票时，如果 $\sum_i P_{ia} \times S_i \geq \sum_i P_{ib} \times S_i + \sum_i C_i$，那么非控股股东会参与公司治理。其中 P_{ib} 和 P_{ia} 分别表示治理前后前股票 i 的价格，S_i 表示股票 i 的数量，C_i 表示参与第 i 种公司的治理成本。由于非控股股东在多家企业累积的治理专业知识和管理技能的共享性导致 C 小于 $\sum C_i$，且持股的企业数越多，C 小于 $\sum C_i$ 的程度越大。换言之，当非控股股东同时持有企业股权较多时，其治理的积极性相对于单一持股更高，这种"公司数效应"的原理是规模经济，其也被称为"规模效应"。

2. 消极行动主义

众多学者证实了非控股股东能够积极参与企业决策并改善公司治理水平，但有部分学者也得出了相反的结论，认为非控股股东并不会在股东大会和董事会行使表决权时违背管理层意志，或在其收益性要求得不到满足以及合法权益被蓄意侵害时，非控股股东并不会积极参与企业治理而是选择直接抛售股票的消极主义行为。此外，非控股股东自身专业背景、信息处理能力的不足也使其在监督成本效益不对称情况下而采取消极主义的策略。值得一提的是，一些学者在"有限注意力"理论模型视角下，认为个人的注意力是有限且稀缺的资源，竞争性信息会造成其注意力配置的分散。具体表现在以下两个方面：一是时间和精力的有限，投资者在获取信息时可能会忽略一些重要信息，继而影响投资者对信息反映的及时性和准确性；二是对信息的过度交互和赋权而无法做到客观全面，因此投资者会出现投射效应、锚定效应等行为偏差。也就是说，在证券市场持有多家企业股权的非控股股东，在行为金融学的有限注意力的假设前提下，既缺乏对企业的深入了解，也不具备做出有效决策的重要且充分的信息，最重要的是，相对于单一持股，多方持股会分散对企业的注意力，减少对焦点企业的关注时间，继而降低监督效率，如果贸然参与企业决策可能会导致决策失误，对企业长期平稳发展有不利影响，因而非控股股东并不会积极参与企业决策以行使股东权力，持有股票更可能被看作是具备高流动性而不具有任何内在价格的商品（罗栋梁，2007；李香梅，2013）。

（二）非控股股东网络与其决策行为之间的关系

1. 网络效应

社会关系通过"网络效应"对联结主体的决策行为产生影响，包括网络信息效应和资源效应。

首先，一些学者从治理协同的角度证实了网络信息效应对于企业发展的重要影响，主要表现在网络主体对信息挖掘、处理和掩盖能力以及信息在关系网络中的传递和传播效果。对于非控股股东来说，通过网络信息优势不仅可以降低代理成本，有效发挥对于控股股东或管理层的监督作用，而且发挥了对企业经营管理活动的决策引导作用。Shleifer 和 Vishny（1986）认为，机构投资者之间的信息交互行为主要来自对代理问题的需求，即有效的信息交互可以使其更好地发挥监督作用。李维安和李滨（2008）指出，基金投资者通过网络进行行业专长、管理知识等专业化信息的分享和交流，进而在整体上降低基金投资者的单位治理成本。马连福和杜博（2019）发现，非控股股东利用其关系网络来获得更多私有信息，以抑制控股股东的自利行为。因此，网络信息效应可以有效保障非控股股东治理能力的发挥，而治理能力使非控股股东对企业行为形成重要影响。郭白滢和李瑾（2019）发现，机构投资者网络信息共享一方面拓宽了信息渠道并弥补了信息缺失，另一方面直接的信息交流也有效验证了信息准确性并通过间接的社会学习来纠正自身认知偏差，继而提升市场定价效率，降低了股价崩盘风险。马连福等（2021）实证验证了机构投资者网络嵌入对企业金融决策的影响，发现机构投资者网络嵌入使其能快速获取和传递私有价值的信息，增强信息传播强度，而这一信息嵌入优势提升了其在金融机会筛选和资本运作中的能力感知，进而提升企业的金融化投资水平。另外，也有一些学者发现在多家企业持有股权的股东能够有效缓解信息不对称，从而有利于提高企业市场份额和专利申请数（He 和 Huang，2017；Khan 等，2017），建立更加稳定的供应链关系（Freeman，2018），减少并购交易成本以及提升并购绩效（Brooks 等，2018）等。

虽然信息效应提升了网络主体的治理能力，而治理能力的提升使非控股股东对企业发展展现了天然的优势，但也有部分学者指出，网络信息效应是一把"双刃剑"，不仅可能扭曲市场的价格机制来进行自肥行为交易，也可能利用其信息优势以及掌握的私有信息以正反馈交易、频繁交易以及哄抬股价等方式进行交易，将更多噪声快速融入股价，引发股价的频繁波动，甚至极端波动。产业组织的相关文献较早讨论了同时持有多家企业股份的非控股股东利用其信息优势而进行的自肥行为。Hart（1979）认为，在多家企业持有股权的股东的经济目标是投资组合的价值最大化，而不是单个企业的收益最大化，由此激发了非控股股东在多家企业间建立的"信息桥"来推动企业间的合谋。Hansen 和 Lott（1996）通过模型推演得出了企业间的共同股东会导致合谋、提高垄断程度。Azar（2018）证实了拥有共同股东的同行业企业提高了企业在产品市场的定价能力。潘越等（2020）指出，同时持有多家企业股份的股东通过促成企业间的合谋来减少彼此之间的直接竞争，进而提高企业议价能力，而这一竞争合谋最终导致投资决策不能匹配市场潜在的机遇，降低企业的投资效率。Ozsoylev（2011）最早对证券市场的投资者网络与股价波动的关系进行理论预测，发现投资者的股票交易行为与网络中心节点的私有信息高度相关，中心节点的信息变化驱动了股价波动。Pareek（2012）利用美国金融市场的数据对这一理论模型予以检验，得出相同的结论。Ozsoylev 等（2014）对投资者网络信息交互的经济影响分析发现，相关信息会通过网络扩散来影响投资者的交易决策，引起股票价格的异常特质波动，从而加剧资本市场的不稳定性。国内学者陈新春等（2017）运用我国资本市场上的数据证实了机构投资者信息网络与股票市场整体波动和特质波动以及极端市场风险之间的相关性。郭晓冬等（2018）利用机构投资者共同重仓持股而建立的机构投资者网络数据，研究发现，机构投资者会利用其信息网络通过传递噪声或过滤坏消息等方式来掩盖坏消息释放，加剧股价崩盘风险。

其次，众多学者基于"嵌入性"理论认为处于中心位置的网络主体更有机会获得其所需资源的控制权力。网络成员的经济活动嵌入于关系网络中，资源的共享和交换形成其网络位置所属的"社会资本"（Granovetter，1985；张敏等，2015）。已有研究纷纷证实了社会网络的资源配置功能，不仅帮助企业更便捷地获得更多的稀缺性和专有性资源，而且借助社会网络来获取资源可以有效提升市场的资源配置效率（Ensley 和 Pedersen，2005；Li 等，2005；游家兴和刘淳，2011），主要包括投融资渠道的拓宽。从融资渠道来看，社会网络不仅能够帮助企业以较低的成本获得更多的外部资金（Chulluun 等，2010；Braggion，2011），而且其"声誉机制"能极大地增加企业的违约风险，这种非正式的惩罚机制有效提升了企业的外部信用以及约束了企业的违约行为（Shane 和 Cable，2002；陈仕华，2009），继而拓宽了企业的融资渠道。从投资渠道来看，关系网络能够帮助企业节省投资过程中的交易成本，而且能够及时搜寻好的投资项目和投资机会，提升企业的投资效率（Cohen 等，2008，2004；赵瑞，2013）。陈运森和谢德仁（2011）证实了独立董事在其网络联结中拥有更多的获取优秀的投资机会的渠道，并能够准确评估投资决策的可行性，进而及时给经理人以恰当的投资建议。对于非控股股东来说，孙淑伟和俞春玲（2018）认为，风险投资者通过其关系网络可以获得更多的优质项目的投资机会，进而提升其投资效益。潘越等（2020）指出，在多家企业持有股权的股东有利于企业更好地把握投资机会，帮助管理层及时调整投资策略。杜勇和马文龙（2021）研究发现，机构共同持股可能通过促进优化投入产出和完善要素配置，使企业全要素生产率稳步提升。黄灿和蒋青嬗（2021）通过对比股东网络与企业建团，认为股东网络可以发挥类似企业集团的"资源效应"，利用其关系网络合理调配非冗余资源以为企业带来多元化的创新资源。

2. 动机选择

无论是股东积极行动主义还是消极主义的选择，以及网络效应对企业行为是产生积极影响还是带来消极影响，非控股股东主要从自身定位、治理环境这两个方面考虑。

（1）非控股股东的自身定位。非控股股东持股数的多少、持股时间长短、与企业是否存在业务联系以及行政干预程度影响非控股股东动机选择和网络效应的发挥，其中，持股数和持股时间主要影响非控股股东参与企业决策的方式是积极行动主义还是消极主义，业务联系和行政干预不仅影响非控股股东参与治理的方式，也影响到其参与企业决策的目标函数是否为股东价值最大化，而持股数、持股时间、业务联系和行政干预是非控股股东网络效应是否存在以及有效发挥的主要保障。

首先，非控股股东持股数的多少。持有企业股票数量越大，依据"股数效应"，非控股股东积极监督的收益越高，信息收集成本越低，即采取积极行动主义的意愿越强，而消极监督的收益相对越小（Churchman，1994），且退出成本也更高。由于持股较多的非控股股东在抛售股票时需要考虑向谁卖出、成交价格、卖出买入股票价差等问题，另外"用脚投票"可能仅是"无能"股东的恶性循环，而并不会将经营者解雇或甚至不能对经营者构成威胁。反而，经营者会利用持异议股东的退出来巩固自己的地位并利用这个间隙来通过新的规则（Epstein，1986）。另外，《中华人民共和国公司法》规定，单独或合计持股比例不低于3%的股东可以向股东大会提出议题和议案，即持股3%或者更少的股东可能并不会对公司的治理和经营产生重要影响，3%是一道重要的股权门槛。

其次，非控股股东持股时间长短。通常持股时间较长的非控股股东称为稳定型投资者，而持股时间较短，以股票买卖为目的的非控股股东为交易型投资者。其中，稳定型投资者注重上市公司的持续发展，而非通过频繁交易获利，往往有更强烈的意愿监督企业的经营管理并积极参与企业决策，主要期望通过改善企业治理环境、信息环境来提升上市公司投资价值和资本市场表现来获取利益（李争光等，2015；杨棉之等，2020）。而交易型投资者关注短期绩效和股价波动，往往会更倾向于迫使管理层从事追求短期收益的经营活动，或与管理层合谋来隐藏企业内部信息以通过影响股票价格来赚取价差收益（李争光等，2015）。因此，交易型投资者的网络效应更可能沦为其自肥行为或短期套利的工具，而非通过参与企业决策来改善公司治理水平的积极行动主义。

再次，非控股股东与企业的业务关系。已有研究表明，与企业只存在投资关系的非控股股东作为独立的投资者，有动机积极监督控股股东或管理层，而与企业存在业务依赖关系或某种商业关系的非控股股东往往采取中庸或支持公司决策的态度。Brickley等（1988）最早将业务联系加入了非控股股东对公司治理的影响研究中，发现一些保险公司、银行等与企业存在着已有的或潜在商业关系的投资者，为保护这一商业联系或担心失去业务，对管理层的决策并不会过多干预。Chen等（2007）将机构投资者分为独立机构和灰色机构，发现与公司没有业务关系的独立机构投资者才能有效监督企业经营管理活动，而灰色机构投资者由于可能与公司存在商业关系，为保护这一业务依赖关系而对企业管理层侵犯投资者利益的机会主义行为视而不见，即存在业务联系的非控股股东无法有效监督企业管理层。显而易见，与企业只存在投资关系的非控股股东网络效应的发挥使其可以更有效发挥治理作用，而与企业存在商业关系的非控股股东网络效应并不存在或其信息效应在企业决策或治理活动中并没有明显作用。

最后，不同产权性质非控股股东所接受的行政干预程度。非控股股东所具有产权性质的异质性使其受到的行政干预程度有很大的差异，从而影响其在公司治理中发挥的作用（范海峰，2010）。根据 Demsetz（1967）的《关于产权的理论》一书，产权性质影响所有者转让权的交易成本以及使用权的排他性，这同样影响所有者对不同产权性质企业的监督能力。公有产权所有者缺少转让权和使用权的排他性，且具有较大的外部性，涉及的所有者和利益相关方也众多，这不仅意味着所有者谈判和维护权利的成本较高，也表示所有者需要承担管理者的全部活动成本，而私有产权所有者无论退出还是谈判和维护权利的成本则更低，即所有者难以通过转让其所有权来有效监督国有企业的管理者，而管理者能在其成本极低的情况下利用国有企业谋取个人利益。但同时，由于公有产权所有者是国家政策和战略导向的承担者，其所在企业管理层的违规约束可能更高，即侵害公有产权所有者利益的可能性更低。因此，在中国市场经济转轨的背景下，除个人投资者之外，中国主要的机构投资者是政府主导的金融企业，行政干预程度较高，这不仅影响非控股股东对上市公司的治理方式，也可能对非控股股东的治理动机产生重要影响。

（2）治理环境的限制。通常而言，非控股股东对控股股东或管理层的监督取决于两个条件：①有效识别利益侵占行为；②凭借股东权利对其进行阻止。换言之，非控股股东越容易发现掏空行为并及时进行干预，其监督作用将更加明显（姜付秀等，2017），网络效应则确保了其发现的及时性和干预能力。然而，已有文献发现，非控股股东及其网络效应在不同治理环境下存在不同的监督效力，并分别从宏观经济形势以及地区法律环境、产品市场、市场化程度等方面来检验这一差异性。黄灿和李善明（2019）从股东网络视角研究了关系网络对企业绩效的影响，发现当企业面对经济政策不确定性的系统性风险时，这种未来的不确定性会影响股东关系网络的价值实现。杜勇等（2021）研究了同一机构投资者投资多家企业的经济现象，并考察了企业间共同机构所有权对企业盈余信息质量的影响，发现共同机构所有权的协同治理效应在经济形势较好时更为明显。除经济形势的影响外，一些学者还关注企业所处地区的法律环境、产品市场以及市场化程度对非控股股东的影响，不仅直接关系到非控股股东能否有效行使股东权力，也影响企业控股股东或管理层的道德风险行为（La Porta 等，1998；姜付秀等，2017）。马连福和杜博（2019）实证验证了非控股股东网络对控股股东私利行为的抑制作用，且在投资者法律保护较好的地区非控股股东更容易捕获控股股东利益侵占行为的相关信息以及时对控股股东进行有效监督，而在法律制度欠完善地区，这一信息优势转化为有效监督的可能性较小。姜付秀等（2017）在对非控股股东与企业融资约束的进一步研究中指出，当企业所在地区有着较强的投资者法律保护时，非控股股东能够在发现控股股东利益侵占行为后诉诸于诉讼等法律手段来有效行使股东权利，也能够运用治理机制在事前对利益侵占行为及时有效地进行阻止，因此非控股股东具有更好的法律环境时，企业的融资约束水平更低。目前中国仍处于市场经济转型过渡的时期，各地区市场化程度有所差异，当企业所在地区市场经济不完善时，信息供需失衡问题更加严重，股东关系网络在一定程度上作为信息供需关系的非正式替代机制，可以完善和补充企业发展所需的信息（黄灿和李善明，2019）。与此同时，潘越等（2020）发现，当股东在同行业投资不止一家企业时，为避免企业间过度竞争而影响其预期收益，会使其所投资企业暗中勾通来放慢生产，减少对新项目的投资，在市场上控制产品的供应量来拉升价格，进而股东可以获得超额收益。

3. 网络主体异质性

投资理念、交易策略、关注程度以及治理情景等因素使非控股股东在参与企业决策和治理实践中表现出明显的行为差异（Borochin 和 Yang，2017）。现有研究普遍认为非控股股东能够发挥积极的监督作用，但也有学者发现，非控股股东可能只是追求短期"热钱"的旁观者，并不会主动参与企业决策而更倾向于"用脚投票"，或通过与管理层或控股股东合谋来最大化自身利益。另外，还有学者指出，之所以出现如此截然不同的结果，一个可能的原因在于，两种观点忽视了非控股股东的异质性影响（陶瑜等，2016）。杨海燕等（2012）借鉴 Brickley 等（1988）的机构投资者分类方法，并结合我国的相关政策，认为保险、信托等机构投资者与持股企业可能存在某种商业关系，为了维持这一商业关系并不会对被投企业的会计信息质量发表独立意见，而证券投资基金、社保基金和 QFII 等机构投资者与持股企业只存在投资关系，作为独立的机构投资者，其对企业的财务报告可靠性和信息披露透明度的监督效应更明显。李争光等（2015）根据持股期限和持股比例将机构投资者分为稳定型和交易型机构投资者，认为稳定型机构投资者往往会介入公司治理发挥监督作用，缓解代理冲突，降低信息不对称程度，而交易型机构投资者追求短期收益，具有严重的投机性，倾向于协助管理层隐藏企业内部信息。王垒等（2020）参考 Bushee（2001）的研究，将机构投资者的持股规模和稳定性同时纳入机构投资者的异质性维度，认为专注型机构投资者有足够的时间和能力收集和处理信息，能够及时发现并抑制控股股东的掏空行为。

在不同类型机构投资者中，证券投资基金相较于其他机构投资者，更有可能发挥信号效应，也能够利用自身影响力，履行监督职能，因此对其持股公司盈余管理行为的治理作用更强（梅洁和张明泽，2016）。社保基金作为一个政府支持的重要机构投资者，更关注长期收益并进行长期投资，也是独立的机构投资者（杨海燕等，2012），能够显著降低企业发布财务重述的概率，提高上市公司的盈余质量（李春涛等，2018）。

个人非控股股东作为公司实际控制人或控股股东的自然人股东，无论与中小股东还是与专业机构投资者相比都存在明显差异。与中小投资者相比，个人非控股股东拥有更丰富的投资经验，而与机构投资者相比，个人非控股股东并不具有信息和资源优势（Ongena 和 Zalewska，2018），非理性行为特征更为突出（史永东和王谨乐，2014），而且个人非控股股东往往只注重企业短期经济收益，可能会为了保障自身的利益而做出损害股东及企业整体利益的决策行为，而这一利己主义的决策动机造成个人非控股股东会降低企业社会责任等企业价值。但是，也有学者指出，个人非控股股东短期业绩排名压力较小，更看重投资的绝对收益而非短期相对排名，且受监管制度的约束相对更少，投资策略则更加灵活（谭松涛等，2019）。个人非控股股东的存在能够加强对管理层的监督，抑制其机会主义会计政策的选择（Ball，2009），抑制管理层隐藏负面消息的倾向，继而提升公司股价信息效率，降低股价暴跌风险（Kim 和 Zhang，2014）。另外，不同于非国有股东，国有股东的特殊关系背景，往往具有政治关联资源，而社会责任的承担也是其绩效考核的一部分，因而国有股东不仅提升企业经济绩效，也能促进企业提高社会责任的程度（刘新民等，2017）。随着我国对境外资本的开放，部分学者相继开始研究境外投资者对企业发展的影响，发现境外资本流不仅能够为企业带来先进的管理技能和投资经验（Ferrreira 和 Matos，2008），而且可以使企业的股权多样化，也能够分散风险，增加股票流动性（Wei，2010）。也有学者认为，境外股东是知情交易者，发展中国家的股票市场具有信息优势，能够更好地分析本地市场相对于国际市场的溢价信息，并显著降低上市公司股票的流动性（Rhee 和 Wang，2009；邓柏峻等，2016）。此外，关系联结在公司金融领域越来越受到重视，同时持有多家企业股权的非控股股东构建的关系网络则是资本市场自然发展的产物，已成为资本市场一种普遍的经济现象（He 和 Huang，2017；Chen 等，2018）。而社会网络由行动主体和连接关系构成研究框架，主体的异质性影响着关系的异质性连接，显而易见，社会网络的异质性问题是关系联结需要重点关注的问题之一，但这一异质性问题的研究仍较为罕见，这可能是现有社会网络研究的缺陷之一。黄灿和李善民（2019）关于股东关系网络与企业绩效的研究，虽然考虑了股东的异质性问题，但仅分析了控股股东和机构投资者的异质性，并未对网络主体进行更为细致的划分，而自然人股东、外资、国有股东以及不同类型的机构投资者等网络主体的影响是不一样的。整体网框架下到底是哪种股东起作用？不同股东形成的子群网络的影响效应又有何不同？这些疑问均需对网络的异质性问题进行细分考察。

三、非控股股东网络的经济后果

在实践中，非控股股东发挥治理效应不仅在于其持股比例的高低，而且取决于股东参与治理的积极性，因为持股比例直接决定了非控股股东参与企业决策的话语权，且在资本市场活跃的股东参与治理的积极性更高，可以充分有效地发挥其监督和建言献策作用，对企业生产经营活动产生实质性的控制力和影响力。2016 年首次设立投资者保护专门机构为中小投资者提供免费法律服务，自此保护中小投资者合法权益的政策体系得到了全面构建。关于非控股股东权益保护的相关政策出台，使非控股股东拥有足够的话语权去表达诉求并保护自身权益，由此越来越多的学者开始关注非控股股东的公司治理角色。

（一）非控股股东网络对企业行为的影响

目前学术界对于非控股股东介入微观企业发挥的作用，分别从单个企业的单个非控股股东、多个大股东并存的股权结构即单个企业的多个非控股股东以及非控股股东是否存在共同所有权关系即投资于多个企业的非控股股东三个层面展开讨论，主要持有两种截然不同的观点：有效治理假说和利益合谋假说。

（1）有效治理。多个大股东之间形成的监督制衡机制可以有效抑制控股股东通过资金占用、关联交易、盈余管理（Jiang 等，2010；Aharony 等，2010；严也舟，2012；姜付秀等，2015）等手段进行的利益攫取行为，进一步缓解融资约束（姜付秀等，2017）、抑制高管机会主义减持行为（罗宏和黄婉，2020）以及提高企业风险承担能力（Faccio 等，2011；王美英等，2020）。同时，多个大股东也能够缓解管理层的代理问题（潘立生，2012；Attig 等，2013；Jiang 等，2018）。

（2）利益合谋。有学者指出，其他大股东可能与控股股东合谋，共同侵占中小投资者利益（Cheng 等，2013；魏明海等，2013）。基于"协调成本"假说，大股东之间的内部权力博弈而导致的协调摩擦降低了大股东的监督效率，加剧了股东与管理层之间的代理问题（Fang 等，2018；麻环宇，2018）。此外，朱冰等（2018）研究发现，虽然多个大股东的存在能够抑制控股股东或管理层的代理问题，但可能导致监督过度，不利于企业创新。

然而，越来越多的学者意识到传统研究忽略了个体之间固有的内在社会联系，这使研究结果在一定程度上偏离了现实基础，由此逐渐将"关系联结"广泛应用于实证研究。和董事网络类似，股东网络也是一种常见的企业间关联模式，而董事网络中关系联结主体大多为独立董事，企业投资的绩效与其经济回报的相关性并不大，拥有企业股权的股东显然有更强的动机介入企业的投资决策，且企业之间的所有权关联关系更多是非控股股东之间的联结。现有将"关联关系"引入所有权联结的研究更多关注在于非控股股东是否存在共同所有权关系而对企业行为发挥的作用。已有研究表明，共同所有权关系对微观企业的影响具有两面性，可能发挥治理协同效应降低融资成本、提升企业的专利申请书和并购绩效（He 和Huang，2017；Chen 等，2018），也可能是合谋舞弊加剧企业投资的低效率。严苏艳（2019）从股东共同持股的经济行为出发证实了股东对企业研发投入的影响。黄灿和李善民（2019）从社会关系理论出发研究发现股东关系网络作为一种弱连接模式，可以提升企业绩效。杜勇等（2021）研究发现，共同机构所有权发挥了协同治理效应，改善了上市公司盈余信息质量。持合谋舞弊观点的文献表明，共同所有权关系追求组合价值最大化目标，会促使同行业企业串联合谋（Azar 等，2018）。潘越等（2020）研究也指出，在多家企业持有股权的股东会导致行业内企业出现投资不足。

（二）非控股股东网络对企业投资效率的影响

现有关于非控股股东网络对企业投资效率的研究主要有两种观点。

1. 基于治理视角的"协同"观点

既有文献认为非控股股东参与公司决策对改善公司治理水平展现出了天然的"协同"优势。

（1）在多家企业共同持股的非控股股东能够更好地履行其监督职能，可以直接否决存在控股股东掏空嫌疑的提案，以此增加投机成本，也可以对经理人提出反对意见，对不称职的管理层予以罢免，由此抑制经理人财务信息操纵行为。当然，非控股股东也可以直接投票支持与企业长远发展相关的投资项目（李姝等，2018；Jiang 等，2018）。

（2）非控股股东为企业间信息和资源共享和流动提供了低成本的渠道。例如，由于非控股股东网络的垂直网络溢出效应，供应链上的交易对手的成本效率提高1% 与其平均成本降低 0.6% 相关（Aslan，2020），有利于企业维系更稳定的供应链关系，降低融资成本和提高并购绩效。

（3）非控股股东在参与不同企业经营过程中积累的知识背景、投资专长和管理经验，能够对企业决策提供独立而全面的建议（He 和 Huang，2017）。

2. 基于竞争视角的"合谋"观点

金融经济学的经典理论指出，投资多家企业的非控股股东的经济目标是实现其投资组合价值的最大化，而不仅是满足单个持股企业的高额收益（Hansen 和 Lott，1996），由此激发了合谋的经济动机。在较早的研究中，Rubinstein（1983）构建的理论模型推演得出两家企业会在产品市场上合谋。后续的学者逐步放宽假设条件，并利用丰富的微观数据和分析方法发现，非控股股东可以通过推动企业间合谋来共同攫取控制权私利，"关系网"则在利益输送和关联交易中提供了低成本的渠道，最终提高了企业在产品市场上的定价能力，进而提升行业垄断程度（Azar 等，2018；Antón 等，2018）。而就投资活动而言，合谋带来的市场竞争程度下降可能会降低企业的投资决策对市场潜在机遇的敏感性，导致企业出现投资不足的非效率投资现象（潘越等，2020）；同时，非控股股东网络信息的传递也会增加股票总体特质和风险，导致市场的极端波动，进而威胁资本市场的稳定（陈新春等，2017）。

第二节　企业投资效率的相关研究

一、投资效率的测度

度量投资效率的三个经典模型包括投资—投资机会敏感性模型、投资—现金流敏感性模型和 Richardson 残差度量模型。

（一）投资—投资机会敏感性模型

在完美市场的假设前提下，Tobin（1969）提出著名的 Q 理论，其中，Q 值被定义为企业资产的市场价值/重置成本。Q 理论将投资是否创造企业价值作为评价项目的依据。当 Q 值大于 1 时，企业应当通过发行股票的方式进行低成本的融资来扩大投资，因为此时企业的市场价值大于其投入资产的成本；反之，则情况相反。Q 理论将市场对企业未来预期纳入到投资考量中，成为当前使用最为广泛的投资机会的衡量指标（邢斌等，2015；李明明和刘海明，2016；冯戈坚等，2018）。Chen（2011）在 Tobin's Q 理论基础上提出了投资—投资机会敏感性模型。

（二）投资—现金流敏感性模型

Fazzari、Hubbard 和 Petersen（1988）基于 Tobin's Q 模型，首次提出了投资—现金流敏感性模型（FHP 模型）。FHP 模型指出，当企业由于信息不对称、代理问题等原因导致融资约束时，企业自由现金流与投资行为相关联，CF/K 的系数值越大，投资支出对内部自由现金流的依赖性越强。众多研究利用 FHP 模型来研究企业的投资决策，Biddle 和 Hilary（2006）、Almeida 和 Campello（2007）、Beatty 等（2010）、袁奋强等（2018）利用 FHP 模型分别从结构流动性、会计信息质量、股权结构以及内控质量等方面展开对投资决策的分析。然而，Kaplan 和 Zingales（1997）对投资—现金流敏感性模型进行剖析，发现该模型使用股利支付作为企业融资约束程度的唯一衡量变量存在局限性，通过重新构建了融资约束程度指标，并对样本进行分组分析，发现 FHP 模型很难判断投资—现金流敏感性的真实动因，继而使非效率投资的衡量存在偏差。由此，部分学者对 FHP 模型进行改进，将 Q 值、主营业务增长率、股权集中以及年度控制变量纳入 FHP 模型的考量中（李维安和姜涛，2007；姚明安和孔莹，2008；叶玉妹，2009）。

（三）Richardson 残差度量模型

鉴于上述 Tobin's Q 模型和 FHP 模型均无法量化分析企业非效率投资行为，Richardson（2006）将投资支出分为资本保持支出与新增投资支出，新增投资支出又被细分为预期投资水平 NPV 为正的投资与非预期投资。此外，Biddle（2009）模型同样利用模型的残差来度量企业的非效率投资水平，主要区别在于：Biddle（2009）在投资效率模型中仅承认投资机会（Growth）的重要性，且认为营业收入增长率来度量企业的投资机会要优于 Tobin's Q 值。

残差度量模型在实际研究中得到了广泛应用。代昀昊和孔东民（2017）利用 Biddle（2009）的成长机会的回归模型分析了上市公司高管及董事的海外经历对投资效率的影响。周冬华和张启浩（2021）同样采用 Biddle（2009）模型研究发现，投资者实地调研显著加剧了企业过度投资行为。Cheng 等（2013）、王馨和王营（2021）等均采用 Richardson（2006）模型研究企业投资效率。

二、投资效率的驱动因素研究

如何有效提高投资环节的资源配置效率是一直吸引着学术界和实务界共同关注的热点问题。而探究这一话题，首先要从理论上厘清企业非效率投资的深层动因，纵观国内外的动因研究，众多学者从多个视角展开了深入研究，并取得了丰硕的成果。本书在归纳企业非效率投资（过度投资和投资不足）的动因论述的基础上，沿着已有研究的演变脉络展开分析。

（一）过度投资的形成动因

基于本书的研究内容和分析框架，根据以往文献对过度投资形成的动因研究，分别从以下四个方面进行扼要回顾：

1. 双重代理问题

经典的财务理论认为，在管理层与股东之间代理冲突的作用下，管理层会选择有利于维护个人利益并追求自身效用最大化而非股东利益最大化的投资项目（Jenson 和 Meckling，1976）。在现代公司制度中，代理问题往往使代理人的投资决策行为偏离于股东价值最大化目标，为追逐利己之私而投资于 NPV<0 的项目。因此，在委托代理理论框架下，代理冲突使控股股东或管理层有动机和机会进行过度投资行为。

就第一种代理关系而言，一方面，Stulz（1990）通过建立模型提出管理层的商业帝国构建假说。这是由于管理层收益是企业规模的增函数（Conyon 和 Murphy，2000；潘立生，2012；耀友福，2020），即管理层的私人利益和控制的公司资源呈正相关，公司规模越大，管理的可支配资金越多。另一方面，管理层的劳动力市场的声望、社会地位及其所获取的各种货币或非货币收益会随着帝国构建而提高（Bebchuk 和 Grinstein，2005），并且在显性薪酬受到刚性管制的情形下，管理层会转而追求在职消费等非正常报酬来替代或弥补管理者的显性薪酬约束的不足（陈冬华等，2005）。因而管理层为了构建个人的商业帝国、实现资本扩张，往往会管理更多的资金，最终使个人收益增加，显然，投资于一些净现值为负的非效率过度投资行为则为管理层提供了便利渠道。辛清泉等（2007）研究发现，管理层薪酬在中央及地方国有企业中面临着更多约束，为获取薪酬补偿而具有投资一些净现值为负的项目的私利动机，导致企业投资过度。此外，在业绩考核和晋升的双重压力下，管理层可能在短期内采取激进的投资策略，进行大量的过度投资以达成"企业成长速度"指标（江轩宇和许年行，2015）。

就第二种代理关系而言，集中的所有权结构在现代企业中普遍存在，控股股东通过两权分离、交叉持股、金字塔结构、关联交易等手段"掏空"上市公司，损害了以非控股股东为代表的中小股东利益。区别于国外发达的资本市场，尤其在新兴资本市场国家，法律体系不完善，投资者保护程度较弱，尤其中国资本市场"一股独大"、地方行政干预较为突出，控股股东对中小股东的利益侵占行为则更为严重。需要指出的是，在投资活动中，这种利益侵占行为主要表现为控股股东为扩大资源支配权的投资过度行为（Johnson 等，2000），通过高溢价收购其自身控制的其他资产，或投资于使控股股东享有更多协同收益但净现值为负的项目，继而导致了非效率的过度投资。Wei 和 Zhang（2008）研究了股权较为集中的八个东亚国家，发现当控股股东的控制权和现金流权的分离程度较大时，与中小股东之间的代理冲突更严重，进而加剧企业的过度投资行为。魏明海和柳建华（2007）发现，控股股东持股比例与国企的过度投资行为呈"U"型关系。Jiang 等（2018）立足于中国股权高度集中的现实背景，发现控股股东代理冲突而导致非效率投资问题可能更为突出。

2. 信息不对称

在企业投资活动中，各利益相关方所处地位不同，所获取和掌握的信息在准确性、完整性、全面性以及及时性等诸多方面存在较大差异，各参与方信息的不对称常常诱发企业投资扭曲现象，使企业投资决策偏离于最优投资规模水平。而信息不对称所引致的投资扭曲问题可能源于代理问题，也可能是信息不对称情景下的博弈行为。其中，相较于以非控股股东为代表的中小股东，控股股东或管理层作为信息生产者和最优获取者，往往会利用其信息优势来为自身获利，损害信息劣势方的利益。信息不对称所产生的代理问题会导致企业过度投资行为。Myers（1984）、Myers 和 Majluf（1984）从信息不对称的视角发现，企业管理者比外部投资者具有更大的信息优势，这助长了其逆向选择行为，管理层为最大化个人利益，会滥用企业现金流来服务于自身控制资源的动机，导致企业出现过度投资。现有研究指出，低质量信息将会扭曲行业内其他企业的投资决策（Shroff 等，2017）。Heinkel 和 Zechner（1990）研究同样发现，市场在信息不对称情境下往往无法准确判断新项目的价值，只能通过所有企业的平均价格来进行估价，使企业股价被高估，继而净现值为负的项目可能被实施，导致企业投资过度。

3. 管理层特质

上述非效率投资的动因分析隐含的假设前提为管理层是理性经济人且都是同质的。随着资本市场大量交易"异象"的发生，学术界开始将管理者非理性因素以及异质性个人特质纳入非效率投资的研究范畴。

在众多的非理性因素中，过度自信较早引起了学者们的关注（Glaser 等，2008；马润平等，2012；刘亚伟，2015；左雪莲，2018）。个体往往由于自身能力与知识面学习及了解程度不够深入而过度相信自身分析判断能力，并将成功归因于自身努力和能力，而低估外部机遇和力量的作用，这种认知偏差或心理性偏差被定义为过度自信（Wolosin 等，1973；Shefrin，2001）。从企业整体层面研究了管理层的自信程度与投资行为的关系，发现管理层普遍具有过度自信心理倾向时，公司出现过度投资行为的可能性相对更大。李丹蒙等（2018）通过公司管理层当年是否增持股份来测度其过度自信程度，发现管理者过度自信会提升当年新增的并购商誉。除此之外，投资决策中的羊群效应使管理层不再以企业价值最大化或最优化投资的标准来制定，而是通过参照他人的行为来制定自身的投资决策，而出现这一行为可能源于信息掌握不足、规避自身决策失误或缓解单独决策的恐惧心理（麻环宇，2018）。显然，羊群效应导致企业投资过度的非效率投资行为的发生，这已得到众多国内外学者的证实（方军雄，2012；麻环宇，2018）。

随着研究的不断深入，学者们发现管理层受教育程度、年龄、任期时间以及专业知识背景和职业经历等异质性特质会对其投资行为产生不同的影响。李培功和肖瑕（2012）研究了管理层任期特征对投资效率的影响，发现管理者的既有任期和预期任期对投资效率的影响在国有、非国有企业存在差异，在国有企业管理层既有任期和预期任期均与过度投资显著正相关。

4. 超额现金持有

现金持有水平的高低是企业一项重要的战略性决策，直接关系到企业资产的有效配置和流动性风险管理，对企业的投资能力和资本成本具有重要影响。世界各国企业均存在持有大量现金的普遍现象（Gao and Harford，2013；罗进辉等，2018），且也有学者研究发现中国上市公司的现金持有率及流动性显著高于其他国家。当企业持有较多的现金时，拥有机会主义行为的管理者为了私利会滥用企业现金资源，继而引发严重的代理问题（Jensen，1986）。Rechardson（2006）研究了1988~2002年美国上市公司的超额现金持有问题，发现整体上超额现金持有会导致过度投资，并且企业内部持有的自由现金流越多，过度投资行为越严重。杨兴全等（2010）证实我国上市公司的投资现金流敏感性主要来自管理层与股东之间的代理冲突，企业的超额现金持有会助长企业的过度投资行为。王彦超（2009）从融资约束视角，发现当上市公司持有超额现金时，没有融资约束的公司更易于进行过度投资。

（二）投资不足的形成动因

在我国"调结构""促转型"的背景下，过度投资和投资不足都会导致企业的投资低效率。辛清泉等（2007）、花贵如等（2010）、周伟贤（2010）通过对非效率投资的衡量方法改进发现，中国上市公司投资不足比过度投资更为普遍。前期学者对企业投资不足问题的动因研究主要包括双重代理问题、信息不对称、内外部约束和风险承担四个方面。

1. 双重代理问题

股东与管理层的代理冲突也会产生投资不足（Ross，1973；Holmstrom 和Weiss，1985；潘立生，2012）。Holmstrom 和 Costa（1985）通过构建声誉模型提出了管理层"恬静生活"假说，认为理性管理层为最大化自身效用会增加工作中的闲暇时间，主要是由于新项目的业绩并不能提高企业短期业绩或其投资行为带来的收益难以在其任期内实现，反而会因折旧的增加、费用的产生等原因，降低企业当前盈利水平，管理者考虑到自身的薪酬、名誉甚至职位会受到波及，导致管理层倾向于采取降低投资的策略加以应对，从而引发企业发生投资不足的可能性。另外，一些学者认为，资本投资不仅可以给管理层带来私人利益，也会带来私人成本，即其实际付出的努力只能得到部分补偿，管理层为规避私人成本会产生投资不足倾向（Bertrand 和 Mullainathan，2003；Aggarwal 和 Samwich，2006）。李春霞和叶瑶（2015）在分析债务融资和经理激励对企业投资不足的影响时，指出当新项目使管理层需要肩负更大的监管责任以及承担更大的工作压力，且遇到自身专业盲区时，还需要学习新的知识以便管理新项目，但如果投资失败会直接影响其个人的稳定收益、聘任、晋升以及经理人市场的声誉，甚至很可能被替换或解雇，尤其是管理层在面临的技术和未来市场的不确定性较高的创新投资时，管理层需要担负的私人成本更高，因此，管理层可能会放弃一些净现值为正的项目，继而导致企业投资不足。池国华和王钰（2017）认为，控股股东也可能利用其绝对控制权转移企业资源，企业资金匮乏而只能放弃有利的投资机会，造成因第二类代理问题而导致的投资不足。

2. 信息不对称

信息不对称假说认为，现实中的金融市场往往是不完全和不完美的，存在信息不对称情况，资金供给者作为信息劣势方，不能完全评价企业的经营状况和投资项目的好坏，进而要求较高的资本溢价和"风险贴水"，高的外部融资成本限制了企业外部融资规模，企业只能放弃有利的投资机会，进而出现投资不足现象，换言之，企业面临的融资约束程度与信息的不对称程度正相关。屈文洲等（2011）的研究证实了该观点，采用市场微观结构理论中的信息不对称指标发现信息不对称水平与企业投资水平负相关。

3. 内外部约束

上述研究从融资约束、经理人声誉和薪酬等方面分析企业投资不足的驱动因素，主要集中于企业投资不足行为的"硬"约束。也有一些学者从期望绩效、市场压力、监督压力和社会责任压力等方面研究在企业投资不足的"软"约束。Chen 等（2018）研究社会责任的强制披露的溢出效应时，认为强制披露社会责任政策会使企业受到政府、媒体和其他利益相关者更大的压力而不得不承担更多社会责任活动，但这会分散企业资本，使企业缺乏配置到有利投资项目的足够的资金，继而产生投资不足。王菁和孙元欣（2014）研究发现，资本市场的绩效压力越大，鉴于投资行为对公司绩效具有时滞性和不确定性，管理层缺乏动力增加投资，为了实现资本市场期望绩效，越倾向于放弃良好的投资机会，从而加剧了企业投资不足。池国华和王钰（2017）基于内部控制缺陷的信息披露视角，指出外部利益相关者视企业内部控制缺陷的披露为坏信息而加强监管，管理层在外部强监督压力下，会更加审慎地进行投资，包括缩减并购、研发等风险较高的投资项目从而加剧了企业投资不足。

4.风险承担

风险承担理论认为，控股股东、管理者与股东之间的风险偏好差异是导致企业产生投资不足的非效率投资行为的重要因素。股东一般具有风险中性或趋向冒险的特征，而管理层或控股股东则往往属于风险规避型，这主要是由于股东的投资组合是多元化的，财富及其承担的风险相对分散，能够有效缓解非系统性风险，即对一些风险性较高但高收益的投资项目和投资机会股东有更高的风险容忍度。然而，管理层不仅需付出大量的努力和私人成本在投资项目上，却不能拥有所有的剩余索取权，而且投资项目失败会给管理层带来财务或职业风险（Holmstrom 和 Weiss，1985；Aggarwal 和 Samwick，2006），因而管理层的投资决策并非以效用最大化为目的，而是出于权衡风险和效用可接受度后做出的选择，即使面临收益较好、有利于公司或股东价值提升的项目，但投资项目的不确定性较大，管理者层为避免个人利益损失而倾向于选择放弃投资机会，造成企业投资不足现象（祝继高等，2012）。另外，控股股东的个人财富往往集中于单个企业，资产的高度集中和专用性使其分散化难度较大，造成了控股股东投资组合较高的非多样性风险，这也可能在一定程度上导致企业投资不足（李姝等，2018）。

三、投资效率的监管治理

一般来说，公司治理体系是内部治理机制（包括股东大会、董事会、监事会和经理层）和外部治理环境（资本市场、产品市场、监管部门、信息中介机构和外部制度环境等）的统合，虽然侧重点各有不同，但两者是相辅相成且动态互动的，外部各种市场机制和制度安排的有效性是内部治理发挥作用的基础和重要保障。因此，本书首先从外部治理环境回顾以往文献对企业投资的治理作用，其次从内部治理机制对企业投资的影响进行回顾和总结。

（一）外部治理与企业投资

1.产品市场竞争

产品市场竞争与公司投资行为的关系研究始于 20 世纪六七十年代，主要从市场不确定性的间接影响和产品市场竞争程度的直接影响这两个层面展开讨论。

针对市场不确定性对企业投资行为的影响，国外学者做了大量的研究。Smit 和 Ankaan（1993）用期权和博弈论的方法分析完全竞争、垄断竞争条件与投资时机之间的关系，得出当企业面临不确定的产品市场需求、较高的利率以及净现值很低的项目时，很可能会延迟投资。Bulan（2005）研究市场不确定性与企业投资之间的关系，认为市场不确定性降低了企业投资的可能性，同时产品市场竞争的存在削弱了这一负相关关系。

产品市场竞争程度是影响企业投资行为的重要因素，不仅可以有效缓解股东与管理层之间的代理冲突，作为一种隐性的管理层激励，能够避免管理层短视化决策及其懈怠行为（Jensen 和 Meckling，1976；Hart，1983；Schmidt，1997），也可以替代内部公司治理机制和控制权市场来起到良好的治理作用（张功富和宋献中，2007；冯英，2018）。刘志强和余明桂（2009）认为，产品市场竞争是一种良好的外部治理机制，随着竞争程度的提高，企业投资不足和过度投资均得到有效治理，投资效率得到显著提高。

但也有学者认为，行业竞争程度也会加剧企业的非效率投资程度。一般对于正常消费品而言，行业集中度的提高会同时伴随着行业内产品的供给的结构性减少，在总需求不变的情况下，将会导致产品价格的上升，最后使行业的均衡利润提升。潘越等（2020）在分析连锁股东对企业投资效率的作用机理时，认为在集中度较高的行业中，话语权由少部分厂商控制，通过连锁股东促使企业间暗中勾通来共同减少竞争、控制产量，放慢或减少对新项目的投资，加剧企业的投资不足现象。

2. 资本市场

有效的资本市场可以迅速给股东提供企业经营状况的信号，使股东可以及时监督和遏制管理层的机会主义行为，维护自身权益不被侵害。王菁和孙元欣（2014）、王萍（2020）实证检验了资本市场的绩效压力与企业投资不足之间的关系，认为当企业股权制衡度高时，可以增强外部股东监督企业的动机和能力，资本市场的绩效压力对企业投资不足的影响程度有所降低。王仲兵和王攀娜（2018）构建资本市场 2010 年启动卖空机制的准自然实验，发现放松卖空管制通过股价压力的传导机制，增加了大股东监管管理层的动机，降低企业非效率投资。也有学者从股票流动性视角对企业投资行为展开分析，认为股票流动性吸引机构投资者成为大股东后能够更好地发挥其公司治理作用，监督管理层的决策行为，另外，作为信息知情者，在市场交易过程中同时传递了经营情况和股票价值信息，减少企业价值被低估的概率，继而使管理者追求公司的长远利益，加强研发投资（Edmans，2009；Edmans 和 Manso，2011；Aghion 等，2013；闫红蕾等，2020）。连立帅等（2019）研究了沪港通交易制度，发现通过优化投资者结构与提高股价信息含量，资本市场开放会增强股价对企业投资的引导作用。

3. 制度环境

企业所处地区的制度环境作为重要的外部治理机制，对企业投资行为具有重要影响。具体而言，已有研究主要从法治环境、金融市场环境和经济政策环境展开分析。其中，法律制度及其执行效果是影响企业投资效率的重要制度环境之一，良好的法治环境可以通过降低管理层和股东之间的代理问题，改善企业过度投资的非效率行为（万良勇，2013；李延喜等，2015）。Love（2003）研究金融市场对国家经济增长的作用机制，认为发达的金融市场能够降低企业面临的融资约束，降低市场交易的成本，提高企业投资效率，继而促进国家经济发展。张春田（2008）同样发现，企业的投资行为会受到金融发展水平的影响。张学勇和何姣（2011）考察了我国为应对2008年爆发的全球性金融危机所出台的扩张投资政策的实施效果，发现投资规模扩张确实能拉动经济增长。黄灿和李善民（2019）从股东关系网络研究社会网络对企业绩效的影响，分别将经济政策不确定性和企业所在地区的市场化进程引入模型中，发现在面对整体上的不确定性冲击时，或在市场化程度高的地区，制度环境以及中介服务市场较为完善，股东关系网络对企业绩效的作用会被削弱。杜勇等（2021）深入对共同机构所有权影响微观企业行为的探讨，发现共同机构所有权的协同治理效应在宏观经济形势较好时更为明显。

4. 监管、中介机构

信息中介和外部监督机制能够营造良好的信息传播环境和激发行为主体的自我约束能力，降低资本市场信息不对称程度和代理问题，发挥有效的治理功用。目前信息中介和监督治理机构主要包括审计、媒体、分析师以及政府代理人等方面。Chang等（2009）指出，分析师凭借丰富的财经专业知识和资深的阅历能够挖掘到大量非公开的私有信息，分析师跟踪提高了企业融资政策的灵活性，从而缓解了企业投资不足。Chen等（2017）认为，分析师盈余预测的准确性可以提高外部监督力度，继而提高企业投资效率。然而也有学者发现分析师对企业投资行为并没有明显的作用，通过在模型设定中加入了分析师跟踪这一控制变量对企业投资效率的影响，发现分析师跟踪并未对企业投资效率有显著影响（Cheng等，2013；Lara等，2016）。赵艺和倪古强（2021）检验了具有行业专长的审计师对企业投资效率的影响，认为具有行业专长的审计师能够给客户带来有价值的增量信息，提高企业的投资效率。陈德球等（2012）研究了地方政府质量对投资效率的影响，发现地方政府所提供的公共治理机制能够影响企业投资活动的动机及能力。邓祎璐等（2021）基于交易所财务报告问询函，研究了证券交易所的非处罚性一线监管对企业风险承担的影响，发现问询函监管通过缓解股东和管理层之间的代理问题，降低了管理层放弃高风险投资项目的可能性，提高了企业投资效率。陈运森等（2021）研究了"政府有效监管"和"市场充分参与"相结合的投服中心（中证中小投资者服务中心），认为投服中心作为半公共—半私人实施机制可以有效发挥小股东的监管作用。

（二）内部治理与企业投资

1. 股权结构

在企业股权治理结构中，主要涉及股份、股东、股权三个问题。综观现有研究，学者们普遍认为股权治理结构对目前中国而言是公司治理问题的关键和根源，并围绕股权结构分别从股份、股东和股权进行深入探究。

首先，在股份问题上，与西方较为分散的股权问题相比，我国常常是"一股独大"，上市公司股权集中度较高，控股股东可能利用其控制权优势占用企业资金，进行关联交易，或与管理层合谋进行信息操纵等方式掏空企业资源，侵害中小股东的合法权益（姜国华和岳衡，2005；谢德仁等，2016；姜付秀等，2018）。Haid 和 Weigand（1998）利用德国公司的所有权分组样本，发现在股权相对集中的公司，存在过度投资证据，而在股权相对分散的公司，并没有明显的过度投资证据。刘星和窦炜（2009）分析了控制权私利下的企业投资行为，发现追求控制权私有收益是企业投资不足与投资过度的基本动机，而多个大股东的存在会形成对控股股东的权力制衡，这可以在一定程度上缓解投资过度。

其次，在我国股权高度集中而导致企业非效率投资现象愈发严重的背景下，部分学者纷纷探究股东结构及股东大会的有效行权对企业投资行为的治理作用。针对股东结构的研究，随着研究方法和证券市场的发展，相关文献从开始探究股权制衡的约束作用已发展到多个大股东并存的股权结构的监督治理作用。张庆君等（2018）研究所有权结构对企业非效率投资的影响时，认为非控股股东掌握的股份越大，拥有越多的话语权，对企业非效率投资的约束作用就越大。另外，多个非控股股东共存的企业更倾向于实施高风险高收益（NPV 为正）的创新项目，有利于增加企业高风险的研发投入（朱德胜和周晓珮，2016；高磊等，2020）。王美英等（2020）基于混合所有制改革的背景，认为在多个大股东的股权结构模式下，其他大股东能够有效地监督管理层的风险规避行为，从而促进国有企业提高风险承担水平。但也有学者认为，多个大股东的股权结构容易滋生"合谋"共同攫取控制权私利的问题，损害中小股东的利益。吕怀立和李婉丽（2015）通过构建有效的股东合谋指数，发现家族企业控股股东和非控股股东会形成股东联盟，相互合谋滥用企业资源，导致企业过度投资和投资不足等非效率投资现象，而且，当收益留存比例较大时，过度投资的成本却由集团全体股东共同承担，因此，股东合谋更容易引起家族上市公司的过度投资。

最后，在股权问题上，更多学者在关注控股股东股权性质或终极控制人性质对企业行为影响的基础上，对非控股股东股权性质产生的影响展开讨论（李增福等，2021）。黄福广等（2005）认为，国有控股上市公司股权结构缺乏制衡机制，导致了企业投资决策的扭曲，相较非国有股东控股的企业，国有股东控股的企业存在的投资过度现象更严重。徐莉萍等（2006）追溯中国上市公司控股股东的股权性质，将中国的上市公司分为国有资产管理机构，中央直属国有企业，地方所属国有企业和私有产权这四类不同的产权控制主体，发现与国有资产管理机构相比，国有企业有更好的风险承担和利益分配机制，而中央直属企业与地方所属国有企业相比，面临着更为严格的监管，其控股股东更有可能真正发挥应有职能。唐跃军和左晶晶（2014）通过区分不同类型的所有权性质，发现终极控股股东为家族或自然人的上市公司更愿意进行持续高水平的研发投资，而终极控股股东为中央政府和国家部委、地方政府和其所属机构的上市公司创新投资较低。任广乾等（2020）证实混合所有制企业的非国有股东参股会对国有股东及其企业产生影响，不仅减少了政府通过国有股向企业施加政策性负担的机会，同时增强了对国有股的制衡和监督力度，也有利于高管激励机制的市场化推进，提高国有企业投资决策的科学化水平，抑制国有企业的非效率投资。

2. 董事会结构

董事会是企业的权力常态机构和经营决策机构，对股东及股东大会负责。按照董事与企业的关系，可分为内部董事和外部董事，均由股东大会选择产生。所有权和经营权的分离使管理层有强烈的动机和自利空间来侵害股东的权益，董事会则被认为是缓解股东与管理层之间代理问题的有效机制（Fama 和 Jensen，1983）。陈运森和谢德仁（2011）引入新的独立董事特征——网络位置来分析其对企业投资效率的影响，认为独立董事的网络中心度越高，其对投资效率的治理作用越好，具体表现为，既有助于缓解投资不足，也有助于抑制投资过度。李维安和徐建（2015）对独立董事的有效性进行实证分析，指出独立董事可以有效监督总经理战略变化执行中损害公司绩效的行为，董事会的独立性则可以加强这一治理效力。但也有学者发现独立董事对企业的消极影响。赵昕等（2018）利用中国上市公司独立董事任职数据，从社会网络视角证实独立董事的多重兼任行为使其没有时间和精力参加董事会议并履行董事义务，只能提供更"软"的监督，继而加剧企业投资过度行为。

3. 管理层激励

管理层激励机制是解决股东与管理层代理冲突的有效方法。管理层激励机制的设计旨在使管理层与治理层的利益趋向一致，减少管理层的道德风险（詹雷和王瑶瑶，2013；邓波，2020；胡荣芳，2021）。企业对管理层的激励方式主要有物质奖励和精神激励，主要内容包括货币薪酬激励、荣誉激励、经营控制权激励（晋升激励）、剩余支配权激励（管理层持股）和知识激励等。Datta 等（2011）

研究发现，较高的权益薪酬能够有效降低管理层与股东之间的代理冲突，抑制其在并购决策中过度投资。Pawlina 和 Renneboog（2005）研究发现，管理层持股比例与过度投资行为负相关。吕长江和张海平（2011）研究发现，股权激励机制有助于抑制企业过度投资和投资不足的非效率投资行为。张兆国等（2014）运用高层梯队理论和心理契约理论，研究发现由于晋升与业绩相联系，即晋升能够协调管理者与股东之间的利益，促使管理者放弃净现值为负的投资项目，抑制其过度投资冲动。但也有学者认为管理层激励会加剧企业非效率投资现象。Hirshleifer 和 Suh（1992）、Rajgopal 和 Shevlin（2002）、Aggarwal 和 Samwick（2006）发现，股权激励会加剧企业过度投资的倾向。

第三节　文献述评

围绕非控股股东网络和企业投资效率，结合本书研究内容，对相关研究进行了回顾和梳理。从上述国内外文献综述可以看出以下两个方面问题：

一方面，关于非控股股东及其网络的相关研究主要从非控股股东参与决策动机、非控股股东网络影响效力和作用机制、非控股股东网络的经济后果三个方面展开。虽然现有研究对于非控股股东已进行了深入研究，并取得较为丰硕的成果，但是从社会网络理论的视角分析非控股股东网络的经济影响才刚刚起步，部分问题不仅仍值得进一步讨论，而且还需要对非控股股东网络的理论框架和作用机制进行系统分析，并通过严谨的数量分析以得到令人信服的结论。具体而言，体现在以下三个方面：

第一，非控股股东网络明晰的概念界定，已有文献仅从产权理论出发来界定非控股股东在多家企业的持股特征，但却忽视了非控股股东的网络特征及其子群网络特征。因此，本书借鉴复杂网络分析方法将非控股股东网络的构建基础和网络特征纳入非控股股东网络的概念界定，产权理论和网络理论相结合的构念是分析非控股股东经济影响的基础，同时多维度构念的界定也决定了非控股股东网络的衡量方式。

第二，影响非控股股东网络效应发挥的因素，已有大量文献研究了非控股股东对企业发展的影响，但是在社会学基础上直接探讨非控股股东关系网络的研究较为罕见。本书立足于以往非控股股东的前期研究成果，从社会学的经典网络理论入手研究非控股股东网络对企业行为所产生的影响，较好地弥补了以往研究存在的不足，而且挖掘了影响非控股股东网络效应的相关驱动因素，为系统分析非控股股东网络影响企业决策的作用机制构建了基本框架。

第三，非控股股东网络影响效果的谨慎讨论，遗憾的是，现有研究成果关于非控股股东对于企业经营发展的经济影响尚未形成一致的观点，尤其是在企业的投资活动中，其网络效应甚至可能存在正、负两种效应，既可能发挥治理协同效应，也可能促使行业间企业形成合谋舞弊同盟。那么究竟什么原因导致这两种相反的情况？可能存在调节两者关系的因素，或在不同的环境背景下，非控股股东网络所发挥的作用不同？那么如何充分发挥非控股股东网络的协同治理作用？这些问题都值得进一步讨论并进行严谨的数量分析以加以验证。

另一方面，目前对企业投资行为与投资效率问题已进行了大量的研究，并取得较为丰硕的成果，但值得关注的是，以往文献更多在整体上探讨企业的投资效率，而未直接对企业非效率投资行为进行剖析，存在一定的局限性。本书将企业的非效率投资行为细分为投资过度和投资不足来分别分析行为主体对其影响机理，可能是在系统上对现有投资效率理论体系的有益补充；最为重要的是，历史文献多是从管理层特征、制度变更及所有权性质等因素对投资效率展开讨论。本书基于非控股股东网络这一资本市场中普遍存在的经济现象，并且沿着投资效率的理论脉络和非效率投资行为的驱动因素，研究其对投资效率的影响，不仅有助于市场各方更好地理解企业的投资决策，也为我国企业进行有效率的投资决策提供新的研究视角。

第四章

非控股股东网络与投资效率

第一节　理论分析与研究假设

在完全理性和充分信息的市场假设条件下，企业应选择并投资所有净现值为正的投资机会和项目，且每个投资项目有相等的资本边际产出，然而，现实中企业的资本投资可能因为信息不对称和代理成本而导致投资过度或投资不足等非效率投资行为（Myers 和 Majluf，1984；Jenson，1986）。需要说明的是，投资低效率不仅影响公司未来收益，也大大增加企业的经营风险，因此如何治理企业非效率投资行为一直是理论界和实务界共同努力的目标。既有文献从社会网络角度研究了董事网络对投资效率的影响（陈运森和谢德仁，2011）。和董事网络相似，股东网络是一种普遍的企业关联模式，而董事网络大多为独董之间的关联，投资效率与独立董事的经济收益的关联不大，但企业权益资本的所有者股东之间的关联更多的是非控股股东之间的联结，显然非控股股东有更强烈的动机和能力参与企业的投资决策。尤其相关政策文件的出台以及沪、深证券交易所修订的多项细则和指引，进一步完善了非控股股东的权益保障制度，确保了非控股股东可以有效行权。但现有文献针对非控股股东网络对企业行为影响的观点依然存在分歧，认为其既可能发挥监督治理效应，也可能是利益合谋效应。为此，基于非控股股东网络的前期研究积累，本书就非控股股东网络如何更好地发挥对投资效率治理作用这一研究话题，并在社会资本理论和结构洞理论的基础上，根据委托—代理理论和社会经济学的网络嵌入理论，分别提出以下两种假说。

一、治理假说

根据网络嵌入理论，非控股股东嵌入于网络不同位置所引致的信息和资源势差主要表现在两个方面：一是嵌入效应，包括嵌入的广度和深度，嵌入广度体现在社会关系对有价值私有信息和资源的获取和控制能力，非控股股东网络关系嵌入水平决定了其信息搜寻边界；嵌入深度体现在网络结构对非冗余的异质性信息和资源的传递和配置能力，非控股股东网络结构嵌入水平决定了信息传播效果和资源流转方向；二是监督治理效应，嵌入效应使非控股股东可以更有效地发挥其监督作用，在一定程度上保障了其治理效力（治理动机和治理能力）。

首先，基于网络嵌入效应，网络中心度高的非控股股东有更高的社会关系嵌入水平和结构优势。其一，占据核心位置的非控股股东有更广的信息搜寻边界，不仅可以在大范围内快速捕获私有信息和稀缺资源，而且长期参与多家企业经营也积累了更加丰富的投资经验或在市场的资本运作中具备了包括风险识别和管理、行业专长、市场潜力判断等在内的专业背景优势（Tribo 等，2007；He 等，2019）。这意味着网络中心度高的非控股股东拥有更多获取优质项目的投资机会的信息来源渠道、更快速评估有利投资机会的关系网络筛选机制以及更强控制和分配投资机会的能力，从而能够及时帮助企业获取潜在的投资机会，避免企业因放弃 NPV（净现法）为正的项目而错失发展机遇（潘越等，2020），并准确地提供关于投资目标和投资项目更丰富的软信息，这在一定程度上缓解投资决策过程中的信息不对称，降低投资失败的可能性，继而提高企业的投资效率。其二，网络中心度高的非控股股东凭借其结构优势可以增强网络信息的传播效果（马连福等，2021）。现有研究指出，信息质量会对其他企业资本成本产生溢出效应（Shroff 等，2017），即低质量信息将会扭曲行业内其他企业的投资决策。处于核心位置的非控股股东的网络结构，非冗余的"局部桥"中嵌入了多元化的异质性信息，这些私有信息通过扁平密集的社会联结网络的不断交互而优化信息传播效果，进而使股票价格中反映更多的理性信息和非财务信息，增加股价中的特质信息含量；另外信息的共享和传递形成的个体认知差异则主要体现在非控股股东对信息的分析和处理能力，居于网络中心位置的非控股股东利用其网络使企业基本面信息快速反馈到股价中，推动股价快速向市场均衡回归。基本面信息对企业实际投资决策存在重要影响，反映企业真实价值的基本面信息可以有效降低企业投资的低效率（戴鹏毅等，2021），换言之，这一结构优势一方面有助于对投资决策进行独立和全面评估以判断企业的投资行为是否受到行业内低质量信息的干扰，从而可以给管理层以恰当的投资建议；另一方面反映企业真实价值的基本面信息可以有效降低企业投资的低效率，进而纠正管理层认知偏差，避免管理层盲目投资 NPV 为负的项目而带来过度投资问题，继而提升企业投资效率。

其次，基于监督治理效应，已有研究表明，在多家企业持股的非控股股东总是表现为积极的监督者角色（He 等，2019），相较于单一持股的股东而言，非控股股东网络能够通过嵌入效应产生规模效应，由此无论是积极性还是监督能力均具有更好的治理效力，能减少委托—代理成本，包括所有者与管理者、所有者内部控股股东与中小股东这两种类别的代理成本。

一般来说，无论是投资过度还是投资不足，约束控股股东或管理层私利行为的重要因素是较高的信息搜集能力和治理能力。然而，在多家企业持股的非控股股东嵌入水平较高，具备了丰富的治理经验，能够对控股股东或管理层的经营决策实施更加有效的监督，进而改善企业的投资效率。非控股股东网络对企业投资决策监督治理的增量效应主要体现在以下两个方面：一是更强的监督动机。网络中心度高的非控股股东会更加积极履行股东监督职能，有效地监督企业投资决策过程中控股股东或管理层牟取私利的行为，且一旦其网络效应识别到存在机会主义色彩的投资行为时，非控股股东可以直接在股东大会上"发声"，要求企业进行内容调整或取消议案，或者直接委派董事提出议题、投票表决等方式参与公司经营活动。二是更高的治理能力。非控股股东参与公司治理的首要前提是能够发现控股股东或管理层的机会主义行为。个体占据不同的网络位置，不仅意味着其所获取的治理经验不同，而且更可能吸收多元化的行业专长和管理知识。占据核心位置的非控股股东网络关系嵌入和结构嵌入效应使其积累了丰富的管理知识和治理经验，由此可以对内部人决策背后的经济目的和存在的潜在风险具有更强的解读和鉴别能力，进而及时地识别和约束控股股东或管理层存在自利动机的非效率投资行为。由此，网络中心度高的非控股股东可以发挥更好的监督治理效应，减少控股股东或管理层追逐私利动机，有效监督和限制控股股东或管理层的非效率投资行为，从而提升企业的投资效率。

基于上述分析，本书提出：

H4.l：非控股股东网络中心度可以提高企业的投资效率，即存在"治理假说"。

H4.la：非控股股东网络中心度与投资过度负相关。

H4.lb：非控股股东网络中心度与投资不足负相关。

二、合谋假说

合谋是一个政治经济学的概念，后来以 Tirole（1992）和 Laffont（1997）为代表的经济学家把合谋理论引入了产业组织的研究中。同时 Shleifer 等（1998）从法律经济学的视角出发，提出了公司治理中的"隧道效应"理论。亚洲金融危机出现了众多控股股东掠夺企业资源、侵害中小股东权益的典型案例，为新兴市场国家合谋理论在公司治理领域的应用和检验提供了分析场景。至此合谋理论也从产业组织间的研究拓展深入到公司治理领域，构建了组织内合谋理论的一般分析框架。在经典的合谋理论中，委托人向监督者和代理人发出一份契约，监督者和代理人之间可能会缔结私下契约。Cont（2001）将信息分为硬且不可伪造的信息（监管者提供给委托人的财务报告等信息）、硬且可伪造的信息（在代理人支持下监督者可以伪造信息，传递噪声信号）、软信息（无可验证信息，即可以向委托人任意传递信号）这三种类型的信息结构。不同类型的信息结构影响信息质量和委托人获取真实信息的成本的同时，也决定着合谋环境和合谋难易程度。在后两种信息结构中，委托人获取真实信息的成本较高，监督者和代理人更可能达成合谋，通过向委托人隐藏信息或隐藏行动来实现其利益最大化（严也舟，2012）。委托人为了瓦解合谋的产生，可以通过激励政策使代理人和委托人利益相一致，或制定有效的监督机制，但如果这样做成本较大，或委托人之间、委托人与代理人之间的相互合谋反而能使其收益最大化，合谋就成为一种均衡状态。

在多家持有股权的非控股股东可能与企业控股股东或管理层合谋而加剧企业非效率投资，降低企业投资效率。主要体现在以下两个方面：一是非控股股东为追求利益最大化，可能与公司管理层合谋，损害其他中小股东的利益（Woidtke，2002），且这种合谋现象在股权高度分散的企业更严重（潘越等，2011）。当非控股股东通过社会联结关系与其他网络成员凝聚成利益相关的"社区"时（Ali 和 Miller，2012），网络成员间能够快速高效地传递共享信息与资源，形成利益同盟体，彼此优劣势互补，最终增加这一网络"社区"整体在信息、资金、资源以及专业技能等方面的综合实力和在资本市场上的影响力，继而其与管理层和大股东合谋的谈判优势也随之增强，这样既达到合谋条件，也相应提升了其与企业控股股东或管理层合谋的实力，即为合谋均衡状态。二是非控股股东与控股股东或管理层达成的合谋均衡状态，往往会采取互惠互利行为，或直接不监督企业投资行为，致使企业代理问题更加突出，最终加剧企业非效率投资，降低企业投资效率。当控股股东或管理层需要减持时，非控股股东网络可利用其强大的资金实力大量增持企业股票，以便在二级市场稳定和拉高股价，从而帮助控股股东或管理层在合适时机高位套现以获取高额减持收益（郭晓冬等，2020）。

另外，依据组织价值最大化理论，非控股股东的资本逐利天性使其投资目的通常是投资组合的价值最大化（Hansen 和 Lott，1996；Azar 等，2018；Connelly 等，2019）。一般对于正常消费品而言，行业集中度的提高会同时伴随着行业内产品的供给的结构性减少，在总需求不变的情况下，将会导致产品价格的上升，最后使行业的均衡利润提升。非控股股东有强烈的动机影响企业的经济活动，通过缓解其组合内企业在行业内的激烈竞争战略，不仅可以减少企业因自身契约漏洞和在直接竞争中蒙受损失的风险（杜勇等，2021）；还可以对企业施加影响，使其放慢生产，减少新项目的投资，来控制行业内产量，或促成企业间合谋成为行业龙头，带来更高的市场份额和议价能力（潘越等，2020），获取行业中高于一般投资者的超额报酬；而且其垂直网络效应可能建立了更稳定的供应链关系和更低的交易成本，为企业之间关联交易提供了隐蔽的利益输送渠道，以此来最大化其股东财富。此外，企业所处行业内市场的竞争程度与其投资选择具有正向关系，即企业在竞争并不激烈的市场中其投资选择往往更为保守，导致错失对投资机遇的敏感性，并最终降低企业的投资效率。

基于上述分析，本书提出：

H4.2：非控股股东网络中心度可以降低企业的投资效率，即存在"合谋假说"。

H4.2a：非控股股东网络中心度与投资过度正相关。

H4.2b：非控股股东网络中心度与投资不足正相关。

第二节　研究设计

一、样本选择与数据来源

本书初始研究样本为 2014—2019 年沪深 A 股上市公司。研究所使用的股东数据来自 CSMAR 数据库中的十大股东文件，其他财务数据均来自 CSMAR 与 WIND 数据库。对初始观测样本进行如下整理工作：剔除银行、保险等金融行业公司；删除 ST 公司样本；删除关键变量数据缺失公司，得到股东层面 74201 个样本数据，并以此为基础构建非控股股东网络矩阵数据集，从而得到公司层面 14379 个样本观察值。此外，为了增强结论可靠性，对连续变量按照 1% 和 99% 分位的标准缩尾处理。

二、模型设定与变量定义

为检验 H4.1 和 H4.2，本书构建了以下的回归模型：

$$Abs\_INV_{i,t+1}(Over_{i,t+1}\,or\,Under_{i,t+1}) = \alpha_0 + \alpha_1 CN_{i,t} + \alpha_2 X_{i,t} + IND + YEAR + \varepsilon_{i,t} \qquad （4-1）$$

$$Abs\_INV_{i,t+1}(Over_{i,t+1}\,or\,Under_{i,t+1}) = \beta_0 + \beta_1 BN_{i,t} + \beta_2 X_{i,t} + IND + YEAR + \delta_{i,t} \qquad （4-2）$$

（一）非控股股东网络

借鉴已有文献的做法（陈运森和谢德仁，2011；马连福和杜博，2019），利用程度中心度（CN）和中介中心度（BN）作为衡量网络中心度的指标。

程度中心度反映非控股股东在股东社会联结中正式或非正式交流的活跃程度及核心程度。程度中心度（CN）的计算方法：

$$CN_i = \left(\sum_j X_{ij}\right)/(S-1) \qquad （4-3）$$

式中，X_{ij} 表示与非控股股东 i 通过网络连接的其他股东 j，i 与 j 在同一家上市公司持有股份，$X_{ij}=1$，否则为 0；S 表示整个网络所拥有的节点总数。

中介中心度刻画非控股股东对信息和资源流动路径和传递渠道的"局部桥"控制优势。中介中心度（BN）的计算方法：

$$BN_i = \left(\sum_{j<k} S_{jk(n_i)} / S_{jk} \right) / ((S-1)(S-2)) \qquad （4-4）$$

式中，S_{jk} 是非控股股东 j 与股东 k 相联结必须经过的捷径数；$S_{jk(n_i)}$ 是非控股股东 j 与股东 k 的捷径路径中 i 的数量。

（二）投资效率（Abs_INV）

在估计企业的正常投资水平基础上，模型的残差表示企业的投资不足和投资过度（残差绝对值表示企业的投资效率）（Richardson，2006），其估计模型为：

$$INV_{i,t+1} = \delta_0 + \delta_1 Q_{i,t} + \delta_2 Cash_{i,t} + \delta_3 ListY_{i,t} + \delta_4 Size_{i,t} + \delta_5 Lev_{i,t} + \delta_6 Return_{i,t} + \delta_7 INV_{i,t} +$$
$$IND + YEAR + \varepsilon_{i,t} \qquad （4-5）$$

$INV_{i,t+1}$ 表示 $t+1$ 年公司资本投资量，INV_t 表示 t 年公司资本投资量，如果回归残差为正，表示投资过度（$Over_{i,t+1}$）；如果为负，那么是投资不足（$Under_{i,t+1}$）（对 $Under_{i,t+1}$ 乘以 -1，这样 $Under_{i,t+1}$ 越大，投资不足越严重）。控制变量包括两职合一、董事会规模、独董比例等，具体变量定义见表4-1。

表4-1　变量界定

变量类别	变量名词	符号	变量定义
被解释变量	非效率投资	Abs_INV	模型（4-5）回归残差的绝对值
	投资过度	Over	模型（4-5）回归结果大于0的残差
	投资不足	Under	模型（4-5）回归结果小于0的残差绝对值
解释变量	程度中心度	CN1	以每年度企业非控股股东的程度中心度均值度量
	中介中心度	BN1	以每年度企业非控股股东的中介中心度均值度量
控制变量	两职合一	DUAL	董事长与总经理由同一人兼任时，取值为1；否则为0
	董事会规模	SOD	董事会总人数的自然对数
	独董比例	OutDir	独立董事人数 / 董事会人数总和
	股权集中度	Top1	第一大股东的持股比例，当存在一致行动时，将一致行动人持股比例合并计算
	控股股东两权分离度	Wedge	控股股东控制权和现金流权的差异
	公司规模	Size	企业资产总额的自然对数
	公司成长机会	Growth	销售收入增长率
	杠杆水平	Lev	企业总负债 / 资产总额
	经营活动现金流	CF	经营活动现金流量净额除以总资产
	盈利能力	ROA	企业净利润 / 平均资产总额
	市场价值	Q	（年末流通市值 + 非流通股份占净资产的金额 + 负债总额）/ 资产总额

第三节　实证结果与分析

一、描述性统计与分析

主要变量的描述性统计分析如表 4-2 所示。企业投资效率（Abs_INV）均值为 0.046，最小值和最大值分别为 0.003 和 0.864，表明企业之间的投资效率差异较大；非控股股东的中介中心度（BN1）的均值达到 0.017，表明整体上非控股股东处于较为核心的网络位置。核心变量的相关分析结果见表 4-3，CN1 和 BN1 均与 Abs_INV 在 1% 水平下显著负相关，非控股股东网络中心度越高，投资效率越高，这与理论分析相符，也初步验证了基本假设。对 Abs_INV 细分之后发现，CN1 和 BN1 与 Over 和 Under 均显著负相关，这与 H4.1a 和 H4.1b 也基本相符。同时，CN1 和 BN1 的相关系数为 0.667，表明我们选取的两个网络中心度指标比较一致性质量较高。

表 4-2　变量的描述性统计

变量	样本数	均值	标准差	最小值	最大值
Abs_INV	14379	0.046	0.056	0.003	0.864
Under	7761	0.043	0.056	0.001	0.864
Over	6618	0.050	0.056	0.0027	0.812
CN1	14379	0.010	0.039	0.002	0.128
BN1	14379	0.017	0.040	0	0.261
Lev	14379	0.415	0.204	0.059	0.894
Size	14379	22.17	1.289	19.86	26.1
CF	14379	0.045	0.068	−0.153	0.238
ROA	14379	0.04	0.057	−0.23	0.19
Growth	14379	0.203	0.499	−0.569	3.351
Q	14379	2.187	1.42	0.888	9.226
DUAL	14379	0.291	0.454	0	1
OutDir	14379	0.376	0.054	0.333	0.571
SOD	14379	2.12	0.2	1.609	2.708
Wedge	14379	4.488	7.324	0	28.31
Top1	14379	34.52	14.75	8.57	74.96

表4-3　核心变量相关关系

变量	Abs_INV	Under	Over	CN1
CN1	−0.033***	−0.033***	−0.023***	1
BN1	−0.039***	−0.038**	−0.041***	0.667***

注：*、**、***分别表示在10%、5%、1%的显著性水平上显著，下同。

二、回归检验与分析

表4-4报告了本书基本假设的实证检验结果。其中，第（1）、（2）列结果显示，CN1和BN1均与Abs_INV显著负相关，系数分别为−0.410和−0.338，表明程度中心度（CN1）和中介中心度（BN1）都呈现一致的结果，非控股股东网络中心度与企业投资效率显著负相关，非控股股东网络中心度越高，企业的投资越有效率，也就是说，居于网络中心位置的非控股股东能够有效抑制企业投资的低效率，本书基本假设得到了经验证据支持。第（3）、（4）列显示的是投资过度作为因变量的回归结果，无论是CN1还是BN1都与Over显著负相关，说明非控股股东网络中心度越高，其越能抑制公司的过度投资行为，验证了H4.1a；对投资不足样本的检验在表4-4的后两列，CN1和BN1均与Under显著负相关，说明非控股股东网络中心度越高，所在企业投资不足越能得以缓解，从而验证了H4.1b。

表4-4　非控股股东网络对企业投资效率影响的基准回归检验

变量	Abs_INV		Over		Under	
	（1）	（2）	（3）	（4）	（5）	（6）
CN1	−0.410***		−0.790***		−0.249***	
	（−4.508）		（−9.418）		（−3.443）	
BN1		−0.338***		−0.352**		−0.575***
		（−3.069）		（−2.482）		（−3.037）
Lev	0.087	0.091	0.012	0.079**	0.011	0.078**
	（1.312）	（1.371）	（1.048）	（2.510）	（0.999）	（2.434）
Size	−0.019	−0.019	−0.002	−0.017	−0.022	−0.017
	（−1.375）	（−1.249）	（−1.289）	（−1.452）	（−1.309）	（−1.472）
CF	0.643***	0.636***	0.903***	0.469*	0.919***	0.269**
	（7.902）	（7.438）	（7.493）	（2.038）	（7.452）	（2.074）
ROA	−0.136***	−0.135***	−0.186***	−0.120**	−0.187***	−0.720**
	（−5.993）	（−6.004）	（−7.043）	（−2.718）	（−7.056）	（−2.725）

变量	Abs_INV		Over		Under	
	（1）	（2）	（3）	（4）	（5）	（6）
Growth	−0.456**	−0.009**	0.018**	−0.034	−0.059***	−0.006*
	（−2.179）	（−1.996）	（2.122）	（−1.134）	（−3.650）	（−1.833）
Q	−0.033***	0.033**	0.036***	0.042**	−0.033***	−0.029**
	（−3.585）	（3.578）	（4.067）	（2.237）	（−3.621）	（−2.213）
Dual	0.025*	0.025*	0.039*	−0.002	0.039*	0.003
	（1.788）	（1.765）	（1.951）	（−0.210）	（1.958）	（0.287）
outDir	0.722***	0.131	1.410***	0.316	0.124	−0.119
	（2.895）	（0.960）	（6.174）	（1.620）	（0.674）	（−0.643）
SOD	−0.029	−0.015***	−0.528***	−0.026***	−0.035	−0.030
	（−0.351）	（−3.466）	（−7.374）	（−3.753）	（−0.664）	（−0.565）
Wedge	0.001	0.001	0.001	0.001	0.002	0.001
	（1.627）	（1.670）	（1.606）	（1.070）	（1.423）	（0.827）
Top1	0.004	−0.001*	0.012**	−0.001	−0.001	−0.001
	（0.592）	（−1.793）	（2.051）	（−0.812）	（−1.605）	（−1.406）
Ind/Year	控制	控制	控制	控制	控制	控制
_cons	0.879***	0.102***	1.241***	0.123***	0.653***	0.766***
	（2.845）	（7.040）	（4.540）	（5.774）	（4.424）	（3.790）
Adj-R^2	0.104	0.032	0.108	0.030	0.037	0.038

三、内生性检验

（一）Heckman 两阶段回归

具有较大资产规模的非控股股东出于投资组合最大化考虑，可能更偏好投资效率较高的企业，以使一些本身投资效率表现更好的企业吸引了更多非控股股东持股，即存在样本自选择问题。即非控股股东可能存在的持股偏好及同行业企业的某些共同特征可能是导致非控股股东网络中心度较高的一个重要因素。鉴于此，利用 Heckman 缓解可能存在的选择性偏差。具体而言，在构建非控股股东共同持股行为选择模型基础上，加入同行业中其他企业网络中心度的比例 otherCN 和 otherBN 作为外生工具变量，具体模型如下：

$$CN\_Dum_{i,t+1}(BN\_Dum_{i,t+1}) = \gamma_0 + \varphi Lag\_Control_{i,t} + \mu_{i,t} \qquad （4-6）$$

$Lag\_Control_{i,t}$ 包含滞后项企业规模、杠杆水平、盈利能力、成长机会、现金流和第一大股东持股比例。然后计算出 IMR（逆米尔斯比率），并将 IMR 纳入第二阶段的控制变量进行回归分析，以纠正潜在选择性偏差对本书结论的干扰，结果如表 4-5 所示。其中，虽然第二阶段回归结果中 IMR 的回归系数部分在 1% 水平上显著，即非控股股东网络中心度的分布偏差确实存在；此外，非控股股东网络中心度重新对基准回归进行检验结果也依然显著为负，这说明本书结论在控制了样本选择性问题后依然成立。

表 4-5　非控股股东网络对企业投资效率的影响：Heckman 回归

变量	Abs_INV		Over		Under	
	（1）	（2）	（3）	（4）	（5）	（6）
CN1	−0.074**		−0.301**		−0.111**	
	（−2.269）		（−2.170）		（−2.484）	
BN1		−0.212***		−0.260***		−0.711***
		（−3.349）		（−3.073）		（−6.903）
IMR	0.267***	−0.846***	−0.107	−0.145	−0.114***	−0.185
	（5.056）	（−4.429）	（−1.304）	（−1.596）	（−5.519）	（−1.455）
Controls	控制	控制	控制	控制	控制	控制
Ind/Year	控制	控制	控制	控制	控制	控制
_cons	0.267***	0.795**	0.978***	0.112***	0.440	0.744**
	（7.575）	（2.796）	（3.460）	（4.129）	（1.414）	（2.354）
Adj-R^2	0.061	0.041	0.024	0.028	0.057	0.058

（二）倾向得分匹配法（PSM）

基准回归模型可能遗漏部分重要变量，导致可能的内生性问题。PSM 可以有效缓解变量缺失导致的内生性问题。首先对非控股股东网络中心度按高低排序，将前 1/3 样本数据划归为中心度较高组（处理组），其他样本归为网络中心度较低组（控制组），再设立虚拟变量 CN_dum 和 BN_dum，中心度较大的样本取值为 1，否则为 0。由于网络与投资效率的关系可能受资本市场因素、治理因素等方面的影响，所以采用审计师是否来自四大（Big4）、企业是否实施股权激励（Incen）、非控股股东委派董事（Dir）、是否交叉上市（AH）、股权制衡度（BA）、市值账面比（MB）、股票收益率（Return）以及每股收益（EPS）作为配对变量。

当配对后，在 Abs_INV、Over 和 Under 模型中处理与控制组各分别包含 2652 个、1216 个和 1441 个样本。进而根据 Dhaliwal 等（2016）的研究来检验配对效果是否理想，将配对后各变量的均值在处理组与控制组之间的差异进行检验。在对比各种方法的平衡性效果之后，本书进一步将处理组与控制组进行了 T 检验，平衡性效果如表 4-7 所示，处理组的显著性基本高于控制组，说明该匹配较好地满足了平衡性假设，并与 PSM 前的结论是一致的。将配对后的样本对网络中心度与投资效率重新进行回归分析，结果如表 4-6 所示，CN_dum 和 BN_dum 的系数均显著为负，非控股网络中心度仍显著促进企业投资效率。

表 4-6 非控股股东网络对企业投资效率的影响：PSM

变量	Abs_INV		Over		Under	
	（1）	（2）	（3）	（4）	（5）	（6）
CN_dum	−0.390**		−0.780**		−0.160*	
	（−2.201）		（−2.052）		（−1.962）	
BN_dum		−0.280***		−0.191*		−0.320**
		（−2.995）		（−1.917）		（−2.553）
Controls	控制	控制	控制	控制	控制	控制
Ind/Year	控制	控制	控制	控制	控制	控制
_cons	1.080	0.913***	−0.343	0.113***	0.822***	0.705***
	（1.443）	（6.376）	（−0.833）	（5.455）	（4.664）	（4.028）
Adj-R^2	0.034	0.065	0.064	0.024	0.113	0.114

表 4-7 配对效果检验

变量	配对前后	均值		标准化偏差（%）	P 值
		处理组	对照组		
MB	配对前	2.0124	2.061	−2.6	0.410
	配对后	2.0124	2.0104	0.1	0.977
Return	配对前	−0.0696	−0.0823	4.1*	0.077
	配对后	−0.0696	−0.0592	−3.4	0.241
EPS	配对前	0.4072	0.4442	−4.4*	0.073
	配对后	0.4072	0.3860	2.5	0.309
Big4	配对前	0.0554	0.0866	−12.2***	0.000
	配对后	0.0554	0.0558	−0.1	0.952
Incen	配对前	0.161	0.0725	27.8***	0.000
	配对后	0.161	0.1492	3.7	0.382
Dir	配对前	0.1857	0.0945	34.3***	0.000
	配对后	0.1857	0.1899	−1.6	0.707

变量	配对前后	均值		标准化偏差（％）	P 值
		处理组	对照组		
AH	配对前	0.1510	0.1660	−9.9***	0.000
	配对后	0.1510	0.1510	0.0	1.000
BA	配对前	0.7508	0.7152	4.7*	0.069
	配对后	0.7508	0.7448	0.8	0.723

四、稳健性检验

（一）变换自变量

通过中位数计算的公司层面非控股股东网络中心度指标（CN2 和 BN2）对 Abs_INV 的回归，与企业非效率投资显著负相关，这说明网络中心度指标结果比较稳定。

（二）变换因变量

本书采用现金流量表中的投资变量 INV2 做因变量。Abs_INV 的回归结果分别如表 4-8 第（3）、（4）列所示，CN1 与 BN1 的系数均显著为负，结论保持不变，表明非控股股东网络与企业投资效率之间存在稳定的促进效应。

（三）安慰剂检验（Placebo）

就理论而言，非控股股东网络与企业投资效率之间的相关关系可能是由于研究设计中某些其他因素的限制而存在的一种安慰剂效应，以致出现了非控股股东网络与投资效率的相关关系。为保证结论的稳健性，采用安慰剂检验来排除这种可能性。首先将提取所有"公司—年度"观测值中 CN1 和 BN1 变量值；其次将 CN1 和 BN1 变量值随机地分配给"公司—年度"观测值（Cornaggia 和 Li，2019），再重新对基准模型回归分析（见表 4-8），CN1 和 BN1 的系数均不显著，说明安慰剂效应不存在，研究设计并未受局限性因素的驱动。

表 4-8　对投资效率模型的稳健性测试

变量	Abs_INV				Placebo		Biddle	
	（1）	（2）	（3）	（4）	（5）	（6）	（7）	（8）
CN1			−0.291***		−0.284		−0.310***	
			（−5.237）		（−0.449）		（−3.201）	

续表

变量	Abs_INV				Placebo		Biddle	
	（1）	（2）	（3）	（4）	（5）	（6）	（7）	（8）
BN1				−0.462***		−0.430		−0.339***
				（−3.782）		（−0.326）		（−2.783）
CN2	−0.104**							
	（−2.197）							
BN2		−0.497***						
		（−4.692）						
Controls	控制	控制	控制	控制	控制	控制	控制	控制
Ind/Year	控制	控制	控制	控制	控制	控制	控制	控制
_cons	0.106***	0.506***	2.060***	1.188***	0.102***	0.107***	0.779**	0.679***
	（8.126）	（4.594）	（7.526）	（8.812）	（8.013）	（8.014）	（2.542）	（5.871）
Adj-R²	0.034	0.058	0.050	0.051	0.037	0.035	0.061	0.036

此外，借鉴 Biddle 等（2009）利用资本投资和成长性的回归模型残差项绝对值衡量企业投资效率，模型如下：

$$INV_{t+1} = \gamma_0 + \gamma_1 Growth_t + \delta \qquad (4-7)$$

式中，$Growth_t$ 为营业收入增长率。结果如表 4-8 所示，非控股股东网络中心度与投资效率指标在 1% 水平下显著负相关，这说明在 Biddle 投资效率模型中，本书的结果也是成立的。

第四节　扩展性讨论

本书发现，非控股股东网络显著促进了企业投资效率，并具体表现为抑制投资过度和缓解投资不足。接下来将对非控股股东网络对企业投资效率的影响机制进行更为细致的考察，利用中介效应分别检验网络信息嵌入效应以及监督治理效应的作用机制。此外，还将对影响非控股股东无论其网络效应还是其公司治理作用发挥的一个至关重要的因素—股权融资风险作进一步探讨，并分析在不同信息环境和法律环境的企业，非控股股东网络对投资决策影响的异质性。需要指出的是，在相关性分析中程度中心度和中介中心度已被证实具有较高一致性，因而后续研究仅以程度中心度作为衡量网络中心度的唯一指标。

一、影响机制分析

（一）嵌入效应分析

在网络中处于核心位置的非控股股东通过较高的信息关系嵌入水平和结构优势帮助企业及时识别和控制投资机会以避免企业因放弃 NPV 为正的项目而带来投资不足问题，以及准确辨别投资项目可行性以避免管理层盲目投资 NPV 为负的项目而导致过度投资，继而提升企业投资效率。为了检验该非控股股东的网络信息嵌入效应，选用销售收入增长率作为衡量企业成长性和潜在投资机会的指标（Biddle 等，2009），并借鉴 Hou 和 Moskowitz（2005）的做法，利用年度日交易数据估计的第 t 日股票收益率与第 t 日市场收益率及其滞后 n 日的回归系数和决定系数，构建市场定价效率（MEF）的衡量指标。通过借鉴温忠麟等（2004）的中介效应检验程序，建立以下模型对非控股股东网络通过嵌入投资机会而影响企业投资效率这一路径进行检验：

$$Abs\_INV_{i,t+1}(Over_{i,t+1}Under_{i,t+1}) = \gamma_0 + \gamma_1 CN_{i,t} + \lambda_2 X_{i,t} + IND + YEAR + \varepsilon_{i,t} \qquad （4-8）$$

$$Growth_{i,t+1} = \beta_0 + \beta_1 CN_{i,t} + \beta_2 X_{i,t} + IND + YEAR + \varepsilon_{i,t} \qquad （4-9）$$

回归结果如表 4-9 所示，当 Growth 做因变量时，CN1 的系数在 1% 水平下显著为正，说明非控股股东网络中心度显著提高了企业投资机会。当 Abs_INV 做因变量时，CN1 的系数在 1% 的水平上显著为负，Growth 的系数也在 5% 的水平下显著，表明投资机会部分中介了网络对投资效率的促进作用；当 Over 做因变量时，CN1 的系数显著为负，Growth 的系数与预期相反，表明投资机会的中介效应在网络中心度对投资过度的抑制作用不存在；当 Under 做因变量时，CN1 的系数显著为负，Growth 的系数也在 1% 水平下显著，说明投资机会中介了网络中心度对企业投资不足的抑制作用。表 4-9 第（8）~（11）列的实证结果显示，程度中心度（JCN）与市场定价效率（MEF）的回归系数显著为负，即非控股股东网络可以提高市场定价效率；市场定价效率（MEF）放入基准回归后的回归系数显著为正，程度中心度（JCN）的系数依然显著，且系数大小和显著性均有所减弱，即市场定价效率（MEF）的中介效应是显著的。说明网络嵌入效应确是非控股股东促进企业投资效率的重要路径，即通过提升投资机会嵌入性（投资机会识别和辨别）以及市场定价效率来提高企业投资效率。

表 4-9 嵌入效应检验

变量	Growth	Abs_INV		Over		Under		MEF	Abs_INV	Over	Under
	（1）	（2）	（3）	（4）	（5）	（6）	（7）	（8）	（9）	（10）	（11）
CN1	1.213***	−0.412**	−0.410***	−0.103***	−0.790***	−0.303***	−0.249***	−3.178**	−0.369*	−0.776**	−0.228**
	(3.541)	(−2.234)	(−4.508)	(−2.932)	(−9.418)	(−4.293)	(−3.443)	(−2.524)	(−1.864)	(−2.365)	(−2.166)
Growth			−0.456**		0.018**		−0.059***				
			(−2.179)		(2.122)		(−3.650)				
MEF									0.195***	0.276**	0.085***
									(5.581)	(2.519)	(3.074)
Controls	控制	控制	控制	控制	控制	控制	控制	控制	控制	控制	控制
Ind/Year	控制	控制	控制	控制	控制	控制	控制	控制	控制	控制	控制
Adj-R^2	0.028	0.049	0.038	0.104	0.056	0.035	0.037	0.057	0.068	0.018	0.151

（二）治理效应分析

1. 管理层自利行为的中介作用

近年来，企业管理层的次优经济活动与机会主义行为屡屡发生。管理层为了使其利益最大化，既可能引起投资规模的扩大，形成过度投资，也可能带来投资规模的降低，导致投资不足。非控股股东作为企业资本的权益所有者，成为约束高管机会主义行为的另一只"金手铐"（陈克兢，2019），而网络则确保了非控股股东治理效力的价值实现。已有研究表明，管理费用率越高，管理层的自利行为越多（沈宏波等，2018）。因此，本书选用管理费用率作为管理层自利行为的衡量指标，建立以下中介效应模型对非控股股东网络通过介入管理层自利行为治理而影响企业投资效率这一路径进行检验：

$$ME_{i,t+1} = \beta_0 + \beta_1 CN_{i,t} + \beta_2 X_{i,t} + IND + YEAR + \varepsilon_{i,t} \tag{4-10}$$

$$Abs\_INV_{i,t+1}(Over_{i,t+1}Under_{i,t+1}) = \gamma_0 + \gamma_1 CN_{i,t} + \gamma_2 ME_{i,t} + \lambda_3 X_{i,t} + IND + YEAR + \varepsilon_{i,t} \tag{4-11}$$

模型（4-10）的回归结果如表 4-10 所示，当 ME 做因变量时，非控股股东网络中心度显著降低了管理费用率；当 Abs_INV 做因变量时，CN1 的系数在 1% 水平上显著为负，ME 的系数在 1% 水平下显著，说明管理费用率部分中介了非控股股东网络中心度对企业投资效率的促进作用；当 Over 做因变量时，CN1 的系数在 1% 的水平上均显著为负，ME 的系数在 1% 水平上显著，说明管理费用率部分中介了网络中心度对企业过度投资的抑制作用；当 Under 做因变量时，

CN1 的系数显著为负，但管理费用（ME）的系数与预期相反，说明管理费用率的中介效应在网络中心度对企业投资不足的抑制作用中不成立。在 Abs_INV 模型中，Sobel Z 统计量为 2.317；在 Over 模型中，Sobel Z 统计量为 1.921。说明约束管理层自利行为确是非控股股东网络促进企业投资效率的重要路径，主要表现在通过抑制管理层过度投资行为提高企业投资效率，而在缓解企业投资不足方面其中介效应非常有限。

2. 控股股东隧道行为的中介作用

控股股东权力越大，对企业投资决策的可操纵性越强，通过利用其控制权和信息优势，将投资行为变为其牟取私利的手段，而不是追求企业可持续发展和股东权益最大化（窦欢和陆正飞，2017；张晓宇和徐龙炳，2017）。而在网络中居于中心位置的非控股股东可以充分利用网络效应带来的治理优势，有效监督控股股东"投资放纵"和"投资规避"行为，继而提升企业的投资效率。为了检验该影响机制，本书选用关联交易占用（ERPT）作为控股股东隧道行为的衡量指标（Cheng 等，2006），对非控股股东网络中心度通过介入控股股东隧道行为治理而影响企业投资效率这一路径进行检验。

回归结果如表 4-10 所示，当 ERPT 做因变量时，CN1 的回归系数在 1% 水平下显著为负，说明非控股股东网络中心度显著抑制控股股东的利益侵占行为。在控制了 ERPT 的影响后，CN1 的回归系数仍显著为负，说明中介变量部分中介了网络中心度对企业投资效率的促进作用；当 Over 做因变量时，CN1 的系数显著为负，EPRT 的系数显著为正，说明控股股东隧道行为部分中介了非控股股东网络中心度对企业过度投资的抑制作用；当 Under 做因变量时，CN1 的系数均显著为负，ERPT 的系数并不显著，说明这一中介效应在对企业投资不足的抑制作用中并不突出。此外，在 Abs_INV 模型中，Sobel Z 统计量为 2.324；在 Over 模型中，Sobel Z 统计量为 1.952。说明对控股股东隧道行为的抑制作用是非控股股东网络促进企业投资效率的重要路径，并主要表现在抑制控股股东过度投资行为从而促进企业投资效率。

表 4-10　治理效应检验

变量	ME	Abs_INV	Over	Under	ERPT	Abs_INV	Over	Under
	（1）	（2）	（3）	（4）	（5）	（6）	（7）	（8）
CN1	−1.070***	−0.288***	−0.631***	−0.115**	−0.279***	−0.226**	−0.642***	−0.147**
	（−2.985）	（−2.950）	（−8.422）	（−1.998）	（−3.561）	（−2.213）	（−3.556）	（−1.998）

续表

变量	ME	Abs_INV	Over	Under	ERPT	Abs_INV	Over	Under
	（1）	（2）	（3）	（4）	（5）	（6）	（7）	（8）
ME		0.028***	0.208***	−0.039***				
		（2.919）	（2.860）	（−2.588）				
ERPT						0.131*	0.143**	0.010
						（1.944）	（2.431）	（0.906）
Controls	控制	控制	控制	控制	控制	控制	控制	控制
Ind/Year	控制	控制	控制	控制	控制	控制	控制	控制
Adj–R²	0.098	0.104	0.156	0.134	0.400	0.117	0.031	0.039

二、进一步研究

（一）股权融资风险的影响

股票市场作为企业外部环境的主要部分，股价的波动会直接影响企业的融资，其中，当股价较高时，股权融资成本较低（李君平和徐龙炳，2015），而当股价崩塌风险升高时，由于股价下跌、信息不对称加剧，使投资者无法准确判断企业实际的经营状况而对未来收益期望充满不确定性，进而通过提高利率等风险溢价措施来进行"风险贴水"（白旻和王仁祥，2018），也要求更高的投资报酬率，提高了企业的股权融资成本，加剧了企业财务风险（潘俊等，2019），换言之，股价崩盘风险会影响企业的股权融资成本（李姝等，2018；江轩宇和许年行，2015）。在网络中占据核心位置的非控股股东能够约束控股股东或管理层的非效率投资行为并主动监督使其更为谨慎地做出投资决策，也能够及时捕获网络中敏感信息的流动，使企业真实情况反映到股价之前，迅速稀释企业的负面信息，从而提升企业投资效率。因此，相比股价崩盘风险较低的企业，非控股股东网络在较高的股价崩盘风险中，其网络治理效力更具威力，致使控股股东或管理层为降低股权融资风险而更为谨慎地做出投资决策，继而提升企业的投资效率。

本书借鉴以往度量股价崩盘风险的方法（Kim等，2011），利用股票负收益率偏态系数Ncskew进行衡量。从表4-11的回归结果可知，列（1）中CN1×Ncskew的回归系数显著为负，表明企业在股价崩盘风险较高时，非控股股东网络中心度对企业非效率投资的抑制作用更大；列（2）中CN1×Ncskew的回归系数显著为负，表明企业在股价崩盘风险较高时，网络中心度对企业投资过度的抑制更强；列（3）中CN1×Ncskew的回归系数不显著，表明在股价崩盘风险较高的样本中，网络中心度对企业投资不足并无显著影响。以上结果表明，非控股股东网络与崩盘风险紧密相关，在因控股股东或管理层的私利行为而导致未来崩盘风险较高时，非控股股东社会联结形成的网络边际效应更大，且主要表现在对过度投资行为的抑制作用来提高企业投资效率。

表 4-11　股权融资风险、信息环境和法律环境的调节作用

变量	Abs_INV	Over	Under	Abs_INV	Over	Under	Abs_INV	Over	Under
	（1）	（2）	（3）	（4）	（5）	（6）	（7）	（8）	（9）
CN1	−0.879*	−0.101**	−0.729	−0.318***	−0.114	−0.420	−0.560***	−0.543***	−0.449*
	（−1.839）	（−1.993）	（−0.872）	（−3.020）	（−0.538）	（−0.406）	（−3.600）	（−3.092）	（−1.881）
CN1 × Ncskew	−1.038**	−0.715***	−0.530						
	（−2.251）	（−2.715）	（−1.200）						
Ncskew	0.051*	0.045**	0.030						
	（1.859）	（2.487）	（0.108）						
CN1 × ANA				−0.035***	−0.023**	−0.082			
				（−5.591）	（−1.994）	（−1.524）			
ANA				0.295***	0.011	1.192***			
				（6.513）	（0.813）	（4.571）			
CN1 × LAW							−0.033*	−0.055**	−0.025
							（−2.087）	（−2.053）	（−0.856）
LAW							0.022	0.013	0.021
							（1.451）	（0.773）	（1.181）
Controls	控制	控制	控制	控制	控制	控制	控制	控制	控制
Ind/Year	控制	控制	控制	控制	控制	控制	控制	控制	控制
Adj-R^2	0.022	0.028	0.023	0.057	0.038	0.028	0.035	0.060	0.030

（二）企业信息环境的异质性影响

非控股股东对控股股东和管理层的监控作用受到信息环境的影响。如果公司的信息环境较差，外部投资者或中小股东在评估潜在投资项目时会遇到更大的困难，即股东和经理人利益分配冲突在信息不对称程度较高时更加严重，控股股东或管理层更有可能通过投资项目等方式进行谋私利行为。由此可见，在信息不对称程度较高的环境下，非控股股东的社会联结不仅使其对控股股东和管理层的监督成本较低，且网络效应带来的监督收益更高。于是根据企业分析师数量将样本排序，低于样本平均值取 1，否则取 0，并据此设立企业信息不对称程度虚拟变量

（ANA）。

从表 4-11 回归结果可知，列（4）中 CN1×ANA 的回归系数显著，表明在信息不对称程度较高时，非控股股东网络中心度对非效率投资行为的抑制更大；列（5）中 CN1×ANA 的回归系数也显著，表明在信息不对称程度较高时，网络中心度对投资过度的抑制更大；列（6）中 CN1×ANA 的回归系数不显著，表明在信息不对称较高的样本中，网络中心度对企业投资不足并无显著影响。以上结果表明，非控股股东网络与企业信息不对称程度有着紧密的关系，在较高的信息不对称环境下，非控股股东对控股股东或管理层的机会主义行为反而更为敏锐，并利用自身网络抑制过度投资行为以促进企业的投资效率。

（三）企业法律环境的异质性影响

法律保护是公司治理的重要外部机制，严格且公正的法律制度和执法体系能够增加管理层或控股股东私利行为的法律风险和成本，进而有效抑制其机会主义行为（姜付秀等，2015）。如果企业所在地区法律环境较好，由于企业行为受到严格监管，管理层或控股股东私利行为可能并不严重，即非控股股东网络发挥的治理效应可能并不强。因此，相对于外部法律环境较好的公司，非控股股东网络在法律环境较差的企业中对投资效率发挥的作用更大。于是采用樊纲等（2016）编制的市场化指数中的"市场中介组织的发育和法律制度环境"来衡量企业所在地区的法律环境，根据企业所在地区法律环境的不同将样本排序，低于样本平均值取 1，否则取 0，并据此设立企业法律环境虚拟变量（LAW）。

表 4-11 列（8）中 CN1×LAW 的回归系数显著，表明企业在法律环境较差的地区，网络中心度对投资过度的抑制更大；列（9）中 CN1×LAW 的回归系数不显著，表明网络中心度在法律环境较差的地区对投资不足并无显著影响。以上结果表明，非控股股东网络与企业法律环境有着紧密的关系，在外部法律环境较差的企业，非控股股东网络的治理作用更大，更能够利用自身网络抑制过度投资行为以促进企业的投资效率。

本章小结

本章初步构建了非控股股东网络影响企业行为的理论框架，用社会网络分析中的中心度指标衡量非控股股东所处的的网络位置，紧接着分析非控股股东之间的相互联结关系是否会对企业投资决策产生影响，在基于非控股股东网络影响企业投资效率的理论分析上，实证检验了非控股股东网络与企业投资效率之间的关系。研究发现：非控股股东网络中心度越高，非控股股东治理作用越好，表现为企业投资效率越高，并在区分投资不足与投资过度之后发现，在网络中越处于中心位置的非控股股东既有助于缓解公司的投资不足，也有助于抑制投资过度；机制分析发现，网络中心度主要通过对控股股东和管理层自利行为的治理效应和企业投资机会、资本市场定价效率的嵌入效应来缓解非效率投资行为，从而促进企业的投资效率；并在企业未来股价崩盘风险和信息不对称较高、法律环境较差地区时，非控股股东网络中心度对企业投资效率的促进作用和过度投资的抑制作用更明显，即非控股股东的关系网络发挥的治理作用越重要，治理效应更显著。

第五章

主体异质性下非控股股东网络与企业投资效率

第一节　理论分析与研究假设

非控股股东作为企业资源的主要提供者，既包括投入股权中的财务资本，又包括社会资本、人力资本、技术资源等非财务信息或资源（Shum 和 Lin，2010），可以反映企业竞争优势和内在价值或真实价值的所有要素。其中，现有研究多以持股规模、持股稳定性以及持股时间等财务资本投入来表征异质股东类型，并基于此探讨其对企业行为的影响效应。然而，相对于财务资本，非控股股东投入企业的非财务信息或资源同样具有异质性特征（王斌和宋春霞，2015；王淑敏和王涛，2017），社会网络的研究视角和方法恰好提供了分析非控股股东非财务信息或资源异质性的有效工具。需要指出的是，非控股股东之间跨越组织界限建立契约关系的基本前提是财务资本，股权保障了非控股股东在参与企业决策的话语权以及对公司的治理和经营能够发挥重要影响，非控股股东的关系网络将"财务资本"拓展到"非财务资源"，且非控股股东的网络关系和结构特征共同决定着"非财务信息或资源"对企业发展产生的影响。然而，非财务信息或资源的获取成本与难度较高，这要求非控股股东具备信息挖掘、处理能力和资源的控制能力，非控股股东网络主体的异质性决定着其关系和结构特征的异质性，继而决定了"非财务信息或资源"的异质性及对企业发展的不同影响效应，换言之，不同类型的非控股股东社会关系联结的主体不同，使其在网络中个体结构位置也不同，个体网络结构则影响着非控股股东网络效应的发挥并最终直接作用于非控股股东的行为决策。具体到企业的投资活动中，非控股股东网络主体对企业投资作用机制的异质性影响既体现在资本市场的配置效率上，又反映在企业内部经营活动中，并按照非控股股东网络的统计特征和主体特征分别从机构非控股股东网络、个人非控股股东网络和国有非控股股东网络中分析其对于企业投资行为的不同影响效应。

一、机构非控股股东网络与企业投资效率

自 2001 年开始实施"超常规发展机构投资者"政策以来，机构投资者持有上市公司股份比例不断提升，其中，以基金、社保和 QFII 等为代表的机构投资者在 2021 年上半年占整个 A 股市场流通市值达到 15%，成为资本市场的主角。机构投资者介入微观企业发挥的作用也引起了诸多学者关注，并围绕"有效监督、利益冲突和战略合谋"三个假说展开了广泛研究，对于企业投资行为的影响分别

形成了可以发挥积极监督作用的"有效治理"角色或仅是追求短期"热钱"的旁观者，甚至可能是与管理层或控股股东进行"合谋舞弊"的自利角色。显然，分析机构投资者的经济影响需更为谨慎，也亟须更多的研究成果为全面洞悉机构投资者作为非控股股东对企业发展的影响提供证据支持。

（一）机构非控股股东网络与企业投资效率

对于机构非控股股东在企业治理实践中发挥的作用，之所以出现如此截然不同的研究成果，除由于样本数据的问题外，很可能与分析方法和研究视角有重要关系。中国作为传统的关系型社会，资本市场有其独有的特征，研究中国的业务往来和商业活动离不开"关系"的研究。然而遗憾的是，一方面已有文献并未立足于中国的制度背景和其独特的交易特征，且多数文献局限于传统"经济人"假设，很少涉及机构非控股股东个体之间由亲属、朋友、校友、同事、同乡以及共同股权等关系构成的社会属性。另一方面，目前研究大多将机构非控股股东默认为是同质的，但近年来，机构非控股股东的投资风格越来越多元化，不同的投资偏好、投资理念、持股动机以及组织情景均可能影响其在治理实践中的意愿和方式（陶瑜等，2016；Borochin 和 Yang，2017；卢凌，2019），显然，不同的行为主体也决定了其具有不同的关系联结和网络结构，继而对企业表现出明显的行为差异。因此，在考虑机构非控股股东"经济人"属性的异质性基础上，同时考虑其"社会人"属性，能更好地解释和找寻其在资本市场所发挥作用的路径和机理。据此，本书提出如下两种假设。

1. 网络嵌入效应

投资者信息能力是指投资者获取信息、处理信息从而实现信息优势或避免信息劣势的能力（Kalay，2015；Tan 等，2015；丁慧等，2018）。投资者信息能力的研究始于机构投资者和非机构投资者（个人投资者）的二元划分。与个人投资者相比，机构投资者具有明显的信息获取和处理优势（张清，2005；Ongena 和 Zalewska，2018），作为理性地知情交易者，在一定程度上可以抵消个人投资者的非理性行为，且以往文献通过比较这两类投资者的差异，发现机构投资者信息能力越高，市场效率越高（Collins 等，2003；胡奕明和林文雄，2005；Barone 和 Magilke，2009）。在现实经济活动中，机构投资者在决策过程中需要依赖显性信息和隐性信息：显性信息是指从市场中获取的信息（历史交易信息、财务报表等公共信息）；隐性信息是指投资者独有的信息以及小范围传播的信息（陈全伟，2008；郭白滢和李瑾，2019），关系网络是隐性信息产生和传播的重要渠道（孙淑伟和俞春玲，2018），而在网络中占据的不同位置不仅象征着借助投资者网络提取和传递信息能力的大小，投资者个体之间联结关系形成的信息网络成为私有信息传播的有效范围，也决定着机构非控股股东网络对信息传播效果或传递效率的控制能力的大小。网络中心性越强的机构非控股股东建立信息获取、交换的渠道越多，越有能力影响网络中其他个体所掌握的私有信息，控制信息在网络中的扩散速度，即具有网络位置优势的机构非控股股东对信息获取内容和传递效率的控制能力越强，具体体现在以下两个方面：

（1）信息的全面性和准确性。由于企业最优决策取决于内部信息和外部信息，股价作为外部信息的直接反映引导着控股股东或管理层的实际决策。一方面，机构非控股股东拥有丰富的投资经验、强大的投资团队和专业化的投资能力，信息收集、处理和分析等方面更可能有优势（Grinblatt 和 Keloharju，2005；连立帅等，2019）；另一方面，网络能够以较低成本拓宽机构非控股股东的信息渠道并弥补信息缺失，信息在网络中的共享和交流的过程也可以对机构非控股股东已掌握信息进行验证并纠正自身认知偏差，进而使股票价格中反映更多的理性信息和非财务信息，增加股价中的特质信息含量（Chen 等，2007；连立帅等，2019）。

（2）信息的及时性。网络不仅提升了机构非控股股东网络对私有信息获取的及时性，而且网络使机构非控股股东所掌握信息的相关性和相似度提升，即产生"伪羊群效应"。"伪羊群效应"降低股价对信息调整的响应时滞，使信息快速反馈到股价中，推动股价快速向市场均衡回归，矫正股票错误定价（戴鹏毅等，2021）。股价信息含量的增加和错误定价的修正，使控股股东或管理层的实际决策更接近于最优决策，提升企业投资效率。

2. 监督治理效应

网络信息效应不仅增加股价信息含量和降低股价与企业内在价值的偏离程度，更为重要的是，信息效应产生的规模效应使机构非控股股东无论是积极性还是监督能力均具有更好的治理效力。换言之，机构非控股股东网络对企业投资效率监督的增量作用主要表现为对控股股东或管理层非效率投资行为的治理作用。居于网络核心位置的机构非控股股东更强的信息收集和处理能力，使其对于控股股东或管理层的投资决策行为具有更强的解读和鉴别能力（杜勇等，2021），而且企业间相似的业务环境、运营方式和财务报告模式降低了机构非控股股东对企业投资行为的监督成本（Ramalingegowda 等，2020），且这一监督成本随着持股企业数量的增加而降低（Kang 等，2018），这使控股股东或管理层低效率的投资行为更可能被发现，从而可以在股东大会或在董事会上提出反对意见，提高企业的投资效率。已有研究表明，在多家企业持股的机构投资者拥有全行业经验的优势，具有更大的话语权（Edmans 等，2019），增加了其对管理层提交股东大会提案中投反对票的可能（He 等，2019），增加了控股股东或管理层实施机会主义行为的成本。另外，在参与其他企业经营过程中积累了丰富的治理经验、管理知识和行业专长（潘越等，2020），机构非控股股东能够帮助管理层更理性和独立地评估其投资建议，从而使企业投资更具效率。因而，网络中心度更高的机构非控股股东可以实施更好的监督治理，减少控股股东或管理层追逐私利动机，从而提高企业投资效率。

基于上述分析，本书提出：

H5.1a：机构非控股股东网络中心度可以提高企业的投资效率。

但也有学者研究发现，较好的网络位置可以给个体带来更多的利润和收益，而获得稳定或超额的投资收益是机构投资者追求的目标（Walden，2013；Ahern，2017），即中心性强的内幕交易者可能会利用其网络位置作为其套利的工具，获得更多的投资利润。基于有限注意理论，在多家企业持股的机构非控股股东精力和资源有限（王垒等，2019），而居于网络中心位置则会进一步分散其有限注意力，因此，基于理性的判断，机构非控股股东可能会在达到既定收益后对企业过度投资或投资不足等非效率投资现象选择"视而不见"，或与上市公司管理层或控股股东勾结来获得更高的收益，损害中小股东的利益（Woidtke，2002）。并且，金融经济学的经典理论指出，机构投资者是一种特殊的经济人，资本的逐利性是其根本特性，其投资行为的目的是为了实现利润最大化（徐旭初，2001），因此，当一个投资者拥有多个投资标的时，其投资目标往往是投资组合的价值最大化，而非单个投资标的的价值最大化，这意味着网络中心度高的机构非控股股东并没有足够意愿参与企业经营管理活动，即网络在对投资机会的控制和配置中发挥的作用和空间非常有限，甚至不存在，更多表现为"财务战略投资人"。而在中国股权分置改革制度背景下，机构非控股股东参与治理的积极性受到了极大的限制（傅勇和谭松涛，2008）。另外，机构非控股股东的业绩压力及名次比拼，会加强其利用网络关系获取超额投资收益的动机（綦好东等，2019），居于网络中心位置的机构非控股股东会借助其信息优势加剧资本市场的噪声交易，通过传递噪声信息以隐瞒利好或不利信息，加剧信息的不对称。换言之，机构非控股股东有动机制造信息壁垒，干扰其他投资者的交易策略，这可能会诱发股票的过度交易，最终会带来股票价格对价值的偏离，从而导致企业非效率投资。

基于上述分析，本书提出：

H5.1b：非控股股东网络中心度可以降低企业的投资效率。

（二）机构非控股股东、网络主体异质性与企业投资效率

然而，没有关注社会网络的异质性问题可能是导致现有机构非控股股东网络研究产生分歧的重要原因。显而易见，考虑网络的异质性问题，不同类型机构非

控股股东在激励机制、利益冲突（指与所持股企业间的利益关系）、管制和法律、文化背景和管理方式、投资策略、竞争环境等方面存在着明显的差异（吴先聪，2015；陈键，2017），这些差异使机构投资者网络的社会互动形式和动机不同，可能是起带头作用的积极治理者，也可能是跟随者或旁观者，继而对企业投资产生不同的影响效应。

现有文献对机构非控股股东的分类主要是基于美国市场机构投资者的研究，以与企业是否存在现有或潜在的业务联系以及其持股行为特征作为分类依据。前者实质上是以机构非控股股东的独立性为判断标准，Brickley 等（1988）根据是否与企业存在现有的或潜在的商业关系，将机构投资者划分为压力抵制型和压力敏感型两种类型，前者相对独立，能够坚持自己的投资理念，着眼于长期投资回报，有动力监督控股股东或管理层的经营活动，进而获得治理收益；后者与企业的业务存在依赖关系或者说投资及商业关系同时并存的非独立机构投资者，通常采取中庸或支持控股股东或管理层决策的态度。后者主要从机构投资者持股时间和持股比例来划分，Chen 等（2007）认为，只有持股比例高并进行长期投资的机构投资者才会关注企业的长期价值和竞争优势，更愿意对企业实施监督来有效避免代理人为追求个人利益最大化而采取牺牲委托人利益的战略决策活动；而短期内持股比例较低的投资者只关注企业的短期盈利能力，而不关心其内部管理和可持股发展，则不会对被投资企业实施监督。不同于国外资本市场，考虑到中国的制度背景以及中国上市公司前十大股东持股情况，依据《中华人民共和国公司法》规定，股东单独或合计持股 3% 以上才能向股东大会提出议题和议案，对企业的经营和管理活动有重大影响，而且目前鲜有文献从机构非控股股东独立与否研究其对企业投资行为产生的不同影响，因此本书拟借鉴 Brickley 等（1988）的分类方法，结合我国证券市场的情况，以是否与被投资企业存在商业联系为分类标准，将证券投资基金、社保基金和 QFII 且在上市公司前十大股东中单独或合计持股比例 3% 以上划分为独立型，除此三者之外的其他基金划分为非独立型，并以此为基础来分别构建独立非控股股东网络和非独立非控股股东网络，分别简称为独立网络和非独立网络。

非独立型股东与企业既有投资关系又有商业关系，这种双重关系使股东与管理层之间不仅存在委托人和代理人关系，更重要的是由商业纽带产生的具有共同利益的战略合作。为了维持战略合作关系，非独立型股东通常会在履行监督作用时做出妥协，或直接不监督企业投资行为，致使企业代理问题更加突出，最终加剧企业非效率投资，降低企业投资效率；甚至与控股股东或管理层合谋共同攫取控制权利益，造成企业投资的低效率。而在多家企业持有股权的非独立型在战略合作关系的指导下,可能会为企业间建立"合谋同盟"提供低成本的渠道,或为企业间制造信息壁垒,达到"合谋同盟"共同获取超额利润的目的,也帮助控股股东或管理层在投资活动中攫取私利提供隐蔽路径,自身也可以在资本市场获得高于一般投资者的收益。而相对于非独立型,只有投资关系较为独立的非控股股东为了确保自己的投资会带来回报,会积极监督企业经营活动,并向控股股东或管理层施加压力,促使管理层选择实现企业价值的投资,要求其规范公司治理,减少非效率投资行为,从而表现出更强的治理效应。而且独立型持股较为稳定,稳定的股权网络关系有利于信息的共享和传递,进而降低信息获取、处理以及监督控股股东或管理层的单位成本。处于中心位置的独立型,一方面,信息优势产生的规模效应可以确保其治理作用的有效发挥;另一方面,中心性也意味着声誉和权力较高,在网络中占据核心位置的独立型往往具有较高的社会地位和声望,受到金融市场上证券分析师、投资者和监管层的关注相对更大,即所谓的"树大招风",一旦其与控股股东或管理层的合谋行为被发现,不仅会影响绩效收入和职业声誉,还会受到证监会给予的行政罚款甚至禁入证券市场的处罚,即在网络中占据核心位置的独立型与控股股东或管理层合谋的意愿更小,有更强的动机同时更有能力监督管理层的投资决策行为,遏制控股股东或管理层为了私利而发生的非效率投资行为,提高投资效率。

基于上述分析,本书提出:

H5.2a:独立网络中心度可以提高企业的投资效率。

H5.2b:非独立网络中心度可以降低企业的投资效率。

二、个人非控股股东网络与企业投资效率

个人非控股股东是指在上市公司中持股比例较高,但又非公司实际控制人或控股股东的自然人股东,其在多家企业持有股权而建立的关系联结则为个人非控股股东网络。中国证券市场由不同类型投资者组成,机构投资者和个人投资者是投资者结构的重要组成部分,截至 2019 年末,持股市值在 1000 万元以上的自然人投资者接近机构投资者持股规模的一半。由此可见,个人非控股股东在中国股票市场占有的比例不可忽视,有必要对其交易行为及其对微观企业的影响进行研究。

但相较于专业投资机构和中小股东,个人非控股股东均呈现出明显差异。与机构非控股股东相比,个人非控股股东短期业绩相对排名的压力较小,更看重投资的绝对收益而非短期相对排名,而且其交易行为受监管制度的约束相对较少,投资策略更加灵活(谭松涛等,2019)。但是机构投资者一般被认为拥有更丰富的

投资经验、强大的投资团队和专业化的资金管理能力，一方面有能力去解读和分析公开信息；另一方面能够以较低成本获得非公开信息。对于个人非控股股东而言，搜集与获取有关企业内在价值或真实价值信息（包括企业业绩等财务信息、企业发展潜力等非财务信息）的成本较高，而且解读与分析无论是财务信息还是非财务信息的能力相对较弱。最为重要的是，投资者的认知形成于先验信念，先验信念又形成于直觉和框架，但无论是直觉偏差，还是框架依赖，都会影响人们的判断和决策的正确性。个人非控股股东在决策过程中则更容易有直觉偏差以及产生框架效应，做出非理性的投资决策。然而，居于网络核心位置的个人非控股股东凭借其在多家企业经营决策和在市场交易中积累的丰富投资专长，以及跨越组织界限的经验共享和交流，对于投资项目的优势、成长性和风险有更加全面的认知，进而能够准确对管理层的投资决策做出评估并及时给予恰当的投资建议，避免管理层投资的低效率；而且个人非控股股东嵌入于不同层次的市场中，不仅能够获取多元化的异质性信息，也更了解市场趋势的变化和监管制度的变迁信息，网络结构则进一步扩大信息边界，同时网络信息筛选机制则有效避免了个人非控股股东容易受到不同渠道小道消息的影响而进行的非理性投资行为。而且，相较于机构投资者的经济人属性，个人非控股股东作为企业利益的直接受益人，对于企业的经营决策通常有更高的参与意愿，这意味着网络中心度高的个人非控股股东会积极利用其关系网络对优质投资机会的控制和配置能力，从而及时帮助企业获取潜在的投资机会或提供关于投资目标和投资项目更丰富的信息，继而提高企业的投资效率。总而言之，个人非控股股东网络能够有效弥补个人非控股股东的信息劣势并抑制其在信息不对称情境下的非理性行为，并且发挥其关系网络对优质投资机会的控制和配置能力，即网络中心度更高的个人非控股股东有能力使企业投资更具效率，抑制企业非效率投资行为。

　　中小股东作为我国市场的投资主体，在实际交易中，常常表现出过度交易、羊群行为、追涨杀跌等非理性行为。Kumar 和 Lee（2006）以及 Barber 等（2009）研究都指出，中小股东的非理性行为会在很大程度上扭曲资产价格和市场流动性。Brunnermeier（2017）在不对称信息条件下的噪声理性预期模型的基础上，结合我国股票市场中小股东交易主导的实际情况，在投资者短视的假设下，发现中小股东的噪声交易会导致市场的剧烈波动。与中小股东相比，个人非控股股东资金规模较大，更愿意承担一定的成本挖掘和分析市场信息（谭松涛等，2019），而并非盲目跟风采取非理性的交易行为，或像中小股东一样采取"搭便车"的投资策略。另外，个人非控股股东持股比例较高，更愿意花费时间和精力来监督控股股东或管理层的行为，并在股东大会或董事会上有足够的话语权来保护其合法权益，抑制控股股东或管理层损害公司价值的行为（Chen 等，2010；李姝等，2018）。关系网络使居于中心位置的个人非控股股东占据信息优势位，也可以抵消个人非控股股东采取非理性交易的可能性；而且作为一项外部治理机制，一方面使其对于控股股东或管理层的自利行为有更敏锐的觉察能力，以能够及时阻碍其机会主义投资决策的选择；另一方面网络声誉机制赋予了个人非控股股东更多的非正式权力，可以达到威慑管理层以股东价值最大化而进行投资决策的目的，增加控股股东的掏空成本，遏制控股股东或管理层的非效率投资行为，进而提升企业的投资效率。

基于上述分析，本书提出：

H5.3：个人非控股股东网络中心度可以提高企业的投资效率。

三、国有非控股股东网络与企业投资效率

作为长期参与资本市场的国有资本，具有维护市场稳定的作用，通过改善信息环境、降低噪声交易、稳定投资者情绪以及减少投资者异质性信念来降低股价异质性波动，防范证券市场的系统性风险，尤其以中证金融和中央汇金公司为代表的特殊机构投资者进入我国资本市场，俗称"国家队"，对金融市场的运行和发展具有重要影响（李志生等，2019；李志生和金凌，2019；王雄元和何雨晴，2020）。但研究国有非控股股东介入微观企业产生的影响鲜有研究，而探究其在多家持股而形成的股权关系网络对企业经营决策的影响及其作用机制如何更是较为罕见。

国有资本作为特殊的股东，兼具投资者和监管者双重身份。"国家队"的投资行为具有很强的信号作用，且由于天然的政治关联，更易获得更多的长期贷款、财政补贴以及政策性融资便利等诸多好处（钟海燕，2010；宋增基等，2014），继而缓解企业融资约束问题。同时，作为股东，不仅是经验丰富的投资者，且作为长期投资者，有更大的动机监督控股股东或管理层的决策行为（Bushee，1996）。国有资本的投资体量较大，一方面，在多家企业持有股权的国有非控股股东往往不仅局限于盈利或利润导向，更多承担着国家战略层面的投资任务，因此依托于其股权网络的企业可能更容易跨越组织界限，相似的投资项目但不同的知识结构和经验，可以使管理层更加理性和全面评估项目的可行性，有助于减轻管理层认知偏差所带来的过度投资，从而使企业投资更具效率；另一方面，居于网络中心位置的国有非控股股东拥有更广泛、可靠的信息来源和更强的信息处理能力，高质量的信息能够帮助企业更准确地评估项目的投资价值，降低其投资风险（Ma，2017），提升企业投资效率。另外，国有非控股股东网络在一定程度上

还是一份有效的通行证，不仅表明企业经营管理活动的有序性和合规性，也向外界传递其发展潜力的积极信号；而且这份通行证更多表现为信用凭证，其关系网络则可以将信用凭证的效用最大化，包括政策优惠、银行更多的贷款和更低的贷款利率、丰富的信贷资源、政府援助以及在制度层面上的政府隐性担保等一系列关系网络"红利"撬动"融资杠杆"，缓解企业融资约束问题（Botosan，1997）。需要指出的是，微观企业的投资行为受到宏观环境的影响。当企业所处环境政策不确定性高时，关系网络为企业带来的经济资源支持更为重要。在环境政策不确定性的影响下，企业出于抵御预期风险的目的，面临投资机会时会更谨慎，选择延迟或者削减投资支出（Julio 和 Yook，2012；曹春方，2013；李凤羽和杨墨竹，2015）。关系网络带来的经济资源支持能防止企业削减投资支出，也能保障企业用于项目投资的资源。在政策不确定性更高的环境中，关系网络提供更为详细的政策变动信息更能提升企业对未来风险判断的准确性以激发其投资意愿，经济资源支持则能保障企业的项目投入资源，在这种情形下，国有非控股股东网络能降低环境政策不确定性对企业投资支出的负面影响（徐业坤等，2013；罗宏和秦际栋，2019），即对企业投资效率的促进作用理应更为显著。

国有非控股股东网络能有效缓解委托代理问题。一方面，"国家队"持股能够约束管理层的不当行为，居于中心位置的国有非控股股东的关系网络起到了良好的标杆作用。首先，国有资本是经验丰富的投资者，具有监督职能，有更大的动机监督管理层的决策行为（Bushee，1996），避免因管理层短视或"不作为"而错失投资良机。另一方面，国有非控股股东不仅以短期业绩为管理层薪酬和任免的决定因素，给予管理层主动追求长期收益的机会，其关系网络中企业及其高管的经营管理活动和绩效会成为有效的考核标杆，而当管理层在同行竞争者中感知到压力越大时，管理层为获得合法性认可和组织声誉，追赶同行业的标杆将成为管理层进行高效率投资决策行为的动力（谢卫红等，2018）。同时，国有非控股股东能够对企业公开披露或通过调查问询得到的信息进行分析，其关系网络提升了其对公开信息和专业信息的获取和处理能力，继而企业的违规和不当行为被发现的概率也增大（陈运森等，2019），并做出相应的披露和处罚。国有非控股股东对企业负面信息的曝出对股票市场表现的影响效应相对更大，而且损害管理者在经理人市场的声誉，影响其未来的职业发展。因此，管理层在进行投资决策时会更加谨慎，使企业投资更具效率。更为重要的是，在中国特殊的制度背景下，与传统的投资者不同，国有非控股股东的监管者角色可以有效震慑控股股东或管理层进行非效率投资行为的机会主义动机，而且其意见和主张也更容易在股东大会、董事会或私下交流中被企业控股股东或管理层接受（文雯等，2021）。因此，国有非控股股东网络使管理层更加审慎地进行投资决策，减少非效率投资行为的发生，也约束了控股股东或管理层的机会主义动机，从而提升了企业投资效率。

基于上述分析，本书提出：

H5.4：国有非控股股东网络中心度可以提高企业的投资效率。

第二节　研究设计

一、样本选择与数据来源

本章与第四章使用相同的样本，即使用2014~2019年沪深A股上市公司为初始研究样本，研究所使用的股东数据来自CSMAR数据库中的十大股东文件，其他财务数据均来自CSMAR与WIND数据库。对初始观测样本进行如下整理工作：剔除银行、保险等金融行业公司；删除ST公司样本；删除关键变量数据缺失公司，得到股东层面74201个样本数据，并以此为基础构建非控股股东网络矩阵数据集，从而得到公司层面14379个样本观察值。本章关于独立和非独立机构、个人和国有股东层面的研究数据在第四章的整体股东样本基础上，分别根据CSMAR数据库中的十大股东文件的股东类型和性质进行整理，分别构建其股东网络数据集。此外，为了增强结论可靠性，对连续变量按照1%和99%分位的标准缩尾处理。

二、模型设定与变量定义

为检验基本假设H5.1—H5.4，构建以下回归模型：

$$Abs\_INV_{i,t+1}(Over_{i,t+1} or Under_{i,t+1}) = \alpha_0 + \alpha_1 CN_{i,t} + \alpha_2 X_{i,t} + IND + YEAR + \varepsilon_{i,t} \quad （5-1）$$

$$Abs\_INV_{i,t+1}(Over_{i,t+1} or Under_{i,t+1}) = \beta_0 + \beta_1 BN_{i,t} + \beta_2 X_{i,t} + IND + YEAR + \delta_{i,t} \quad （5-2）$$

（一）非控股股东网络

依据前人的研究，不同类型的非控股股东的公司治理效应存在明显差异，并在复杂网络理论基础上，网络主体和主体互动的异质性会影响其治理动机，进而会产生不同的行为差异，导致其网络对企业投资效率有不同的作用效果。

1.机构非控股股东网络

参照吴先聪（2015）、罗宏和黄婉（2020），并根据"天眼查"网络公布的企业信息和公司法的规定，本研究在企业前十大股东文件基础上，将合计或单独持股3%及以上非控股股东确认是否为机构投资者的数据，包括证券投资基金、投资顾问、社保基金、金融资产管理公司、政府机构/事业单位、QFII（合格的境外投资者）、券商、保险公司、信托投资公司、银行等。在此基础上，构建机构非控股股东网络数据集，并以每年度企业机构非控股股东的程度中心度均值（JCN）和中介中心度均值（JBN）作为衡量其网络中心度的指标。

2. 独立和非独立非控股股东网络

借鉴 Brickley 等（1988），张济建等（2017）、王垒等（2020）的分类方法，结合我国证券市场的情况，以与持股企业是否存在商业联系为基本分类标准，并依据不同类型机构投资者自身性质和行为模式，将与持股企业无商业联系、治理独立性较强的证券投资基金、QFII、社保基金、金融资产管理公司、政府机构 / 事业单位划分为独立机构投资者，除此之外的券商、保险公司、信托投资公司、银行等划分为非独立的机构投资者。在此基础上，分别构建独立网络和非独立网络数据集，并以每年度企业独立和非独立非控股股东的程度中心度均值（DCN 和 NDCN）和中介中心度均值（DBN 和 NDBN）作为衡量其网络中心度的指标。

3. 个人非控股股东网络

借鉴谭松涛等（2019）的研究，个人非控股股东为前十大股东中剔除实际控制人和直接控股股东之外，并且合计或单独持股为 3% 及以上的所有自然人股东。在此基础上，构建个人非控股股东网络数据集，并以每年度企业个人非控股股东的程度中心度均值（ICN）和中介中心度均值（IBN）作为衡量其网络中心度的指标。

4. 国有非控股股东网络

借鉴李志生和金凌（2019）、于雪航和方军雄（2020）的研究，国有持股数据通过查阅公司报告中前十大股东信息获取，包括两个部分：一是股权性质为国有性质的非控股股东；二是"国家队"非控股股东，包括中证金融公司及其资管计划、中央汇金公司及其资管公司、五只公募救市基金和国家外管局旗下投资平台四个部分。在此基础上，构建国有非控股股东网络数据集，并以每年度企业国有非控股股东的程度中心度均值（SCN）和中介中心度均值（SBN）作为衡量其网络中心度的指标。

（二）投资效率（Abs_INV）

在估计企业的正常投资水平基础上，模型的残差表示企业的投资不足和投资过度（残差绝对值表示企业的投资效率）（Richardson，2006），其估计模型为：

$$INV_{i,t+1} = \delta_0 + \delta_1 Q_{i,t} + \delta_2 Cash_{i,t} + \delta_3 ListY_{i,t} + \delta_4 Size_{i,t} + \delta_5 Lev_{i,t} + \delta_6 Return_{i,t} + \delta_7 INV_{i,t} + IND + YEAR + \varepsilon_{i,t} \tag{5-3}$$

式中，$INV_{i,t+1}$ 表示 $t+1$ 年公司资本投资量，INV_t 表示 t 年公司资本投资量，如果回归残差为正，表明投资过度（$Over_{i,t+1}$）；如果为负，那么是投资不足（$Under_{i,t+1}$）

（对 $Under_{i,t+1}$ 乘以 –1，这样 $Under_{i,t+1}$ 越大，投资不足越严重）。控制变量包括两职合一、董事会规模、杠杆水平等，具体变量定义见表 5–1。

表 5–1　变量界定

变量类别	变量名词	符号	变量定义
被解释变量	非效率投资	Abs_INV	模型（1）回归残差的绝对值
解释变量	机构非控股股东网络	JCN	以每年度企业机构非控股股东的程度中心度均值度量
		JBN	以每年度企业机构非控股股东的中介中心度均值度量
	独立非控股股东网络	DCN	以每年度企业独立非控股股东的程度中心度均值度量
		DBN	以每年度企业独立非控股股东的中介中心度均值度量
	非独立非控股股东网络	NDCN	以每年度企业非独立非控股股东的程度中心度均值度量
		NDBN	以每年度企业非独立非控股股东的中介中心度均值度量
	个人非控股股东网络	ICN	以每年度企业个人非控股股东的程度中心度均值度量
		IBN	以每年度企业个人非控股股东的中介中心度均值度量
	国有非控股股东网络	SCN	以每年度企业国有非控股股东的程度中心度均值度量
		SBN	以每年度企业国有非控股股东的中介中心度均值度量
控制变量	两职合一	DUAL	董事长与总经理由同一人兼任时，取值为 1；否则为 0
	董事会规模	SOD	董事会总人数的自然对数
	独董比例	OutDir	独立董事人数 / 董事会人数总和
	股权集中度	Top1	第一大股东的持股比例，当存在一致行动时，将一致行动人持股比例合并计算
	控股股东两权分离度	Wedge	控股股东控制权和现金流权的差异
	公司规模	Size	企业资产总额的自然对数
	公司成长机会	Growth	销售收入增长率
	杠杆水平	Lev	企业总负债 / 资产总额
	经营活动现金流	CF	经营活动现金流量净额除以总资产
	盈利能力	ROA	企业净利润 / 平均资产总额
	市场价值	Q	（年末流通市值 + 非流通股份占净资产的金额 + 负债总额）/ 资产总额

第三节　实证结果与分析

一、描述性统计与分析

主要变量的描述性统计分析如表 5-2 所示。从整体上来看，机构非控股股东的中心度更高，其中独立型的中心度高于非独立型，程度中心度的均值达到 0.023，个人非控股股东的中心度较低，中介中心度的均值也达到 0.010，表明整体上非控股股东处于较为核心的网络位置。核心变量的相关分析结果见表 5-3，非控股股东的中心度均与 Abs_INV 至少在 10% 水平下显著负相关，非控股股东网络中心度越高，投资效率越高，这与理论分析相符，也初步验证了基本假设。同时，程度中心度和中介中心度的相关系数至少为 0.500，表明我们选取的两个网络中心度指标比较一致性质量较高。

表 5-2　变量的描述性统计

变量	样本数	均值	标准差	最小值	最大值
JCN	8630	0.021	0.031	0.002	0.159
JBN	8630	0.018	0.035	0	0.165
DCN	5780	0.023	0.030	0.002	0.159
DBN	5780	0.020	0.031	0	0.165
NDCN	2850	0.016	0.032	0.002	0.152
NDBN	2850	0.013	0.036	0	0.160
ICN	5749	0.008	0.030	0.002	0.109
IBN	5749	0.010	0.032	0	0.118
SCN	5385	0.013	0.040	0.002	0.150
SBN	5385	0.015	0.042	0	0.158

表 5-3　核心变量相关关系

变量	Abs_INV	Over	Over	JCN	DCN	NDCN	ICN	SCN
JCN	−0.669***	−0.726***	−0.678***	1				
JBN	−0.143**	−0.150**	−0.130***	0.830***				
DCN	−0.760***	−0.746***	−0.888***		1			

续表

变量	Abs_INV	Over	Over	JCN	DCN	NDCN	ICN	SCN
DBN	−0.810***	−0.113	−0.590**		0.500***			
NDCN	−0.356***	−0.522***	−0.721***			1		
NDBN	−0.351***	−0.155*	−0.166			0.620***		
ICN	0.070***	0.055***	−0.090***				1	
IBN	−0.548**	−0.381***	−0.090				0.623***	
SCN	−0.702***	−0.483***	−0.875***					1
SBN	−0.139*	−0.150*	−0.130					0.812***

注：括号内为 t 值；*、** 和 *** 分别表示在 10%、5% 和 1% 的显著性水平上显著，下同。

二、回归检验与分析

（一）机构非控股股东网络与企业投资效率基本回归

表 5-4 报告了基本假设的实证检验结果。其中，第（1）、（2）列结果显示，JCN 和 JBN 均与 Abs_INV 显著负相关，系数分别为 −0.306 和 −0.229，表明程度中心度（JCN）和中介中心度（JBN）都呈现一致的结果，机构非控股股东网络中心度与企业投资效率显著负相关，机构非控股股东网络中心度越高，企业的投资越有效率，也就是说，居于网络中心位置的机构非控股股东能够有效抑制企业投资的低效率，本书基本假设得到了经验证据支持。第（3）、（4）列显示的是投资过度作为因变量的回归结果，无论是 JCN 还是 JBN 都与 Over 显著负相关，说明机构非控股股东网络中心度越高，其越能抑制公司的过度投资行为，验证了 H5.1a；对投资不足样本的检验在表 5-4 的后两列，JCN 和 JBN 均与 Under 显著负相关，说明机构非控股股东网络中心度越高，所在企业投资不足越能得以缓解，从而验证了 H5.1b。

表 5-4　机构非控股股东网络对企业投资效率影响的基准回归检验

变量	Abs_INV		Over		Under	
	（1）	（2）	（3）	（4）	（5）	（6）
JCN	−0.306***		−0.113**		−0.278***	
	（2.629）		（−2.214）		（−3.110）	
JBN		−0.229**		−0.102*		−0.181**
		（−2.094）		（−1.811）		（−2.464）

续表

变量	Abs_INV		Over		Under	
	（1）	（2）	（3）	（4）	（5）	（6）
Size	−0.061***	−0.075***	−0.087**	−0.012*	−0.075***	−0.074***
	（−5.699）	（−7.753）	（−2.543）	（−1.953）	（−8.331）	（−10.111）
Growth	0.029***	0.018***	−0.008	0.007***	−0.011**	−0.041
	（5.268）	（3.002）	（−0.427）	（3.042）	（−2.166）	（−0.301）
Lev	0.114***	0.195***	0.085	0.215	−0.163***	−0.249***
	（2.5784）	（2.860）	（1.530）	（1.508）	（−6.066）	（−4.553）
ROA	−0.651***	−0.833***	−0.242	−0.193	−0.110***	−0.088***
	（−4.015）	（−6.181）	（−0.388）	（−1.442）	（−7.194）	（−6.534）
Q	0.044***	0.038***	0.013***	0.038	−0.014**	−0.031
	（3.146）	（3.529）	（5.681）	（1.613）	（−2.502）	（−0.874）
CF	0.564***	0.639***	0.472	−0.783	0.465***	0.331***
	（3.3466）	（4.847）	（0.713）	（−0.786）	（4.204）	（3.377）
Dual	0.026	0.019	−0.011	0.011	0.014	−0.051
	（0.130）	（1.185）	（−1.296）	（0.685）	（0.926）	（−0.386）
SOD	−0.131**	−0.075	−0.028	0.013	0.080	0.061
	（−2.039）	（−1.597）	（−0.998）	（0.064）	（0.145）	（1.504）
OurDir	0.017	0.024*	−0.041	0.077	0.035	−0.021
	（0.855）	（1.707）	（−0.048）	（0.094）	（1.421）	（−1.372）
Top1	0.018***	0.013***	0.010***	0.060	0.020	0.045
	（2.754）	（2.621）	（3.250）	（1.6251）	（0.449）	（1.121）
Wedge	0.012	0.011	0.015***	0.060	0.020	0.020**
	（0.975）	（1.283）	（2.988）	（0.940）	（0.331）	（2.395）
Ind/Year	控制	控制	控制	控制	控制	控制
_cons	0.195***	0.211***	0.247**	0.248	0.181***	0.213***
	（7.165）	（9.990）	（2.274）	（1.553）	（7.622）	（8.136）
Adj-R²	0.068	0.070	0.046	0.045	0.117	0.096

（二）机构非控股股东、网络主体异质性与企业投资效率基本回归

表5-5分别报告了独立和非独立网络基本假设的实证检验结果。其中，第（1）~（6）列是独立网络的基本回归结果，第（7）~（12）列是非独立网络的基本回归结果。结果显示，独立网络与机构非控股股东网络的回归分析结果基本一致，DCN和DBN与Abs_INV均呈现显著的负相关关系，程度中心度（DCN）

和中介中心度（DBN）都呈现一致的结果，独立网络中心度与企业投资效率显著负相关，独立网络中心度越高，企业的投资越有效率。DCN 和 DBN 均与 Over、Under 显著负相关，表明居于网络中心位置的独立非控股股东能够有效抑制企业的非效率投资行为，本书基本假设得到了经验证据支持。

然而，在非独立网络与企业投资效率的回归分析中，NDCN 和 NDBN 与 Abs_INV 的系数均为正，但 NDBN 的系数不显著。这表明从整体上来看，居于网络中心位置的非独立型不仅没有提高企业的投资效率，反而更多扮演"合谋者"角色，对企业的投资效率具有负面影响，也可能是"旁观者"角色，并不会参与企业投资决策。在此基础上，投资过度（Over）作为因变量时，中介中心度（NDCN）的系数显著为正，这一结果表明，非独立非控股股东可能加剧企业的过度投资行为，导致企业的实际投资高于合理水平。而对投资不足（Under）样本的检验却显示，NDCN 和 NDBN 均与 Under 显著负相关，说明非独立非控股股东网络中心度越高，所在企业投资不足越能得以缓解。

总体来看，以上实证结果证实了在企业投资效率问题上，独立非控股股东和非独立非控股股东的网络效应发挥了不同的作用。由于微观企业的投资行为直接关乎要素市场整体的资源配置效率，且机构投资者作为资本市场专业投资力量，在新的资本市场格局下发挥着越来越重要的作用，因而这一结果对于理解机构非控股股东网络的经济影响具有重要的意义。

（三）个人非控股股东网络与企业投资效率基准回归

表 5-6 报告了基本假设的实证检验结果。其中，第（1）、（2）列结果显示，ICN 和 IBN 均与 Abs_INV 显著负相关，系数分别为 -0.627 和 -0.229，表明程度中心度（ICN）和中介中心度（IBN）都呈现一致的结果，个人非控股股东网络中心度与企业投资效率显著负相关，个人非控股股东网络中心度越高，企业的投资越有效率，也就是说，居于网络中心位置的个人非控股股东能够有效抑制企业投资的低效率，本书基本假设得到了经验证据支持。在此基础上，投资过度（Over）作为因变量的回归结果，无论是 ICN 还是 IBN 都与 Over 显著负相关，说明个人非控股股东网络中心度越高，其越能抑制公司的过度投资行为；对投资不足（Under）样本的检验在表 5-6 的后两列，ICN 和 IBN 均与 Under 显著负相关，说明个人非控股股东网络中心度越高，所在企业投资不足越能得以缓解。以上结论证实了，个人非控股股东的网络中心度可能抑制了个人投资者的非理性决策行为，且其中心度的增加有助于抑制企业的非效率投资行为，提升企业的投资效率。

表 5-5　独立和非独立网络对企业投资效率影响的基准回归检验

变量	Abs_INV		Over		Under		Abs_INV		Over		Under	
	(1)	(2)	(3)	(4)	(5)	(6)	(7)	(8)	(9)	(10)	(11)	(12)
DCN	-0.310** (-2.569)		-0.115** (-2.137)		-0.295*** (-3.199)							
DBN		-0.229** (-2.094)		-0.102* (-1.810)		-0.181** (-2.463)						
NDCN							0.313** (2.093)		0.154 (1.810)		-0.334*** (-2.877)	
NDBN								0.122 (1.033)		0.151 (1.355)		-0.181** (-2.463)
Size	-0.063*** (-5.726)	-0.075*** (-7.753)	-0.086** (-2.370)	-0.120* (-1.953)	-0.074*** (-7.866)	-0.074*** (-6.215)	-0.060*** (-3.296)	-0.055*** (-3.753)	-0.097*** (-2.676)	-0.094* (-1.886)	-0.072*** (-6.462)	-0.053*** (-9.111)
Growth	-0.026 (-4.704)	-0.018 (-3.002)	-0.008 (-0.406)	-0.008 (-3.042)	-0.012 (-2.238)	-0.043 (-0.301)	0.114** (2.564)	0.195*** (2.860)	0.089 (1.560)	0.215 (1.508)	-0.162*** (-5.922)	-0.249*** (-4.553)
Lev	0.108*** (2.578)	0.195*** (2.860)	0.077 (1.323)	0.215 (1.508)	-0.162*** (-5.941)	-0.249*** (-4.553)	0.114** (2.564)	0.135*** (5.860)	0.089 (1.560)	0.365 (1.122)	-0.152*** (-3.922)	-0.155*** (-3.325)
ROA	-0.616*** (-3.636)	-0.833*** (-6.181)	-0.149 (-0.217)	-0.193 (-1.442)	0.107*** (6.960)	0.881*** (6.534)	-0.361*** (-2.959)	-0.635*** (-3.388)	-0.402 (-0.614)	-0.253 (-1.033)	0.116*** (5.870)	0.752*** (3.367)
Q	0.042*** (2.954)	0.038*** (3.529)	0.014*** (5.488)	0.038 (1.613)	-0.013** (-2.382)	-0.030 (-0.874)	0.035*** (3.140)	0.025*** (2.692)	0.139*** (5.581)	0.051 (1.512)	-0.025** (-2.246)	-0.035 (-1.124)
CF	0.558*** (3.200)	0.639*** (4.847)	0.320 (0.450)	0.783 (0.786)	0.491*** (4.344)	0.331*** (3.377)	0.313** (2.472)	0.236*** (3.722)	0.664 (0.951)	-0.222 (-0.569)	0.397*** (3.289)	0.257** (2.236)

续表

变量	Abs_INV		Over		Under		Abs_INV		Over		Under	
	(1)	(2)	(3)	(4)	(5)	(6)	(7)	(8)	(9)	(10)	(11)	(12)
Dual	0.014	0.019	-0.010	0.011	0.010	-0.005	0.031	0.025	-0.013	0.025	0.011	-0.048
	(0.661)	(1.185)	(-1.071)	(0.685)	(0.641)	(-0.386)	(0.155)	(0.858)	(-1.449)	(0.356)	(1.183)	(-1.235)
SOD	-0.121*	-0.075	-0.240	0.013	0.017	0.061	-0.137**	-0.025	-0.280	0.025	0.033	0.032
	(-1.813)	(-1.597)	(-0.814)	(0.064)	(0.306)	(1.504)	(-2.053)	(-0.922)	(-0.979)	(0.752)	(1.226)	(1.117)
OurDir	0.198	0.244*	-0.146	0.077	-0.359	-0.209	0.069	0.132*	-0.223	0.056	-0.211	-0.225
	(0.908)	(1.707)	(-0.162)	(0.094)	(-1.377)	(-1.372)	(0.334)	(1.813)	(-0.251)	(0.896)	(-0.971)	(-1.561)
Top1	0.021***	0.011***	0.010***	0.006	0.007	0.011	0.010***	0.013***	0.013**	0.059	0.019	0.008
	(2.711)	(2.621)	(3.223)	(1.625)	(0.473)	(1.121)	(2.616)	(3.358)	(2.073)	(1.325)	(0.305)	(1.352)
Wedge	0.020	0.010	0.016***	0.006	0.006	-0.022**	0.010	0.013	0.021***	0.063	0.010	-0.011**
	(1.225)	(1.283)	(2.978)	(0.940)	(0.300)	(-2.395)	(1.005)	(0.325)	(3.990)	(1.122)	(0.482)	(-1.998)
Ind/Year	控制	控制	控制	控制	控制	控制	控制	控制	控制	控制	控制	控制
_cons	0.190***	0.211***	0.233**	0.248	0.173***	0.213***	0.202***	0.112***	0.290**	0.125*	0.182***	0.255***
	(6.801)	(9.990)	(2.015)	(1.553)	(7.186)	(9.136)	(7.077)	(3.261)	(2.493)	(1.737)	(7.163)	(3.256)
Adj-R²	0.067	0.070	0.045	0.045	0.116	0.096	0.069	0.078	0.046	0.062	0.117	0.112

表 5-6　个人非控股股东网络对企业投资效率影响的基准回归检验

变量	Abs_INV		Over		Under	
	（1）	（2）	（3）	（4）	（5）	（6）
ICN	−0.627***		−0.346**		−0.299**	
	（−2.794）		（−2.145）		（−1.982）	
IBN		−0.229**		−0.188**		−0.215**
		（−2.093）		（−2.310）		（−2.236）
Size	−0.051	−0.075***	−0.068***	0.035	−0.097***	−0.012**
	（−0.826）	（−7.753）	（−6.862）	（0.834）	（−9.682）	（−2.406）
Growth	−0.006**	−0.018***	−0.009	−0.011**	−0.030	−0.029***
	（−2.445）	（−3.002）	（−0.339）	（−2.127）	（−1.082）	（2.731）
Lev	0.271***	0.195***	0.051	0.718	−0.299***	−0.201**
	（3.528）	（2.860）	（0.582）	（1.531）	（−5.036）	（−2.069）
ROA	−0.783***	−0.833***	0.978	−0.159	0.916***	0.111**
	（−3.370）	（−6.181）	（0.860）	（−0.906）	（6.680）	（6.958）
Q	0.064***	0.038***	−0.011***	0.049*	−0.016***	−0.025***
	（3.727）	（3.529）	（−3.103）	（1.663）	（−2.886）	（−4.303）
CF	0.551**	0.639***	−0.133	−0.122	0.473***	0.443***
	（2.404）	（4.847）	（−1.093）	（−0.843）	（3.184）	（3.778）
Dual	−0.031	0.019	−0.016	0.025	0.019	−0.027*
	（−0.125）	（1.185）	（−0.109）	（1.092）	（1.244）	（−1.651）
SOD	−0.246**	−0.075	−0.484	−0.263	0.078	0.151***
	（−2.229）	（−1.597）	（−0.833）	（−0.795）	（1.253）	（3.204）
OurDir	−0.078	0.244*	0.102	−0.511	−0.076	0.011
	（−0.264）	（1.707）	（0.587）	（−0.459）	（−0.302）	（0.008）
Top1	0.011	0.010***	0.010*	0.006	0.011	0.011*
	（1.168）	（2.621）	（1.660）	（0.979）	（1.439）	（1.730）
Wedge	−0.030	0.012	0.010	0.009	−0.012	−0.013
	（−1.309）	（1.283）	（0.883）	（0.983）	（−1.148）	（−1.016）
Ind/Year	控制	控制	控制	控制	控制	控制
_cons	0.674*	0.211***	0.033	0.304	0.247***	0.104***
	（1.861）	（9.990）	（0.016）	（0.211）	（8.501）	（6.573）
Adj-R²	0.058	0.070	0.019	0.046	0.176	0.095

（四）国有非控股股东网络与企业投资效率基准回归

表 5-7 报告了基本假设的实证检验结果。其中，第（1）、（2）列结果显示，SCN 和 SBN 均与 Abs_INV 显著负相关，系数分别为 −0.283 和 −0.229，表明程度中心度（SCN）和中介中心度（SBN）都呈现一致的结果，国有非控股股东网络中心度与企业投资效率显著负相关，国有非控股股东网络中心度越高，企业的

投资越有效率，也就是说，居于网络中心位置的国有非控股股东能够有效抑制企业投资的低效率，本书基本假设得到了经验证据支持。在此基础上，进一步检验国有非控股股东网络对于企业投资过度（Over）与企业投资不足（Under）的影响，结果显示，无论是 SCN 还是 SBN 都与 Over、Under 显著负相关，说明国有非控股股东网络中心度越高，其越能抑制公司的过度投资行为，所在企业投资不足也越能得以缓解。

表5-7　国有非控股股东网络对企业投资效率影响的基准回归检验

变量	Abs_INV		Over		Under	
	（1）	（2）	（3）	（4）	（5）	（6）
SCN	−0.283***		−0.798***		−0.142***	
	（−5.034）		（−3.204）		（−3.233）	
SBN		−0.229**		−0.188**		−0.215**
		（−2.093）		（−2.310）		（−2.236）
Size	−0.062	−0.075***	0.019	0.035	−0.011**	−0.012**
	（−1.542）	（−7.753）	（0.57）	（0.834）	（−2.241）	（−2.406）
Growth	0.061***	0.018***	0.012**	0.012**	0.029***	0.011***
	（9.132）	（3.002）	（2.259）	（2.127）	（2.704）	（3.226）
Lev	0.169***	0.195***	0.263	0.718	0.200**	0.191**
	（2.717）	（2.860）	（0.506）	（1.531）	（2.059）	（2.391）
ROA	−0.628***	−0.833***	0.215	−0.159	0.110***	0.135***
	（−3.668）	（−6.181）	（0.146）	（−0.906）	（6.925）	（3.558）
Q	0.011	0.038***	−0.062	0.048*	−0.024***	−0.016***
	（0.123）	（3.529）	（−1.102）	（1.663）	（−4.295）	（−3.303）
CF	0.600***	0.639***	−0.700	−0.122	0.448***	0.343***
	（3.815）	（4.847）	（−0.520）	（−0.843）	（3.812）	（2.778）
Dual	0.054***	0.019	0.035	0.026	0.027*	0.017*
	（2.583）	（1.185）	（1.239）	（1.092）	（1.667）	（1.851）
SOD	−0.247***	−0.075	−0.632***	−0.263	0.147***	0.151***
	（−4.262）	（−1.597）	（−2.843）	（−0.795）	（3.088）	（3.204）
OurDir	−0.028	0.244*	−0.390	−0.511	−0.007	0.001
	（−0.169）	（1.707）	（−0.345）	（−0.459）	（−0.043）	（0.008）
Top1	0.008	0.011***	0.005	0.006	0.012	0.011*
	（0.724）	（2.621）	（0.049）	（0.979）	（1.608）	（1.730）
Wedge	0.012	0.010	0.008	0.009	−0.013	−0.009
	（1.167）	（1.283）	（0.877）	（0.983）	（−1.081）	（−1.016）

变量	Abs_INV		Over		Under	
	（1）	（2）	（3）	（4）	（5）	（6）
Ind/Year	控制	控制	控制	控制	控制	控制
_cons	0.109***	0.211***	0.174**	0.304	0.943***	0.104***
	（5.784）	（9.990）	（2.180）	（0.211）	（5.858）	（6.573）
Adj-R^2	0.045	0.070	0.022	0.046	0.096	0.095

与以往国有资本对于企业投资效率研究之所以存在不同，可能的原因如下：处于核心位置的国有资本的网络"资源之手"，能缓解企业的投资不足；但在国有资本有限注意力以及人力资源的约束下，在一定程度上，能够规避对持股企业不合理的干预行为，从而避免"掠夺之手"可能带来的投资过度问题，但国有资本的"国家队"属性可能有效威慑了企业的过度投资行为以及非效率投资风险，继而提高企业的投资效率。

三、稳健性检验

（一）变换自变量

通过中位数分别计算的公司层面机构、个人和国有非控股股东网络中心度指标（JCMN 和 JBMN、ICMN 和 IBMN、SCMN 和 SBMN）对 Abs_INV 的回归，与企业非效率投资显著负相关，这说明网络中心度指标结果比较稳定。

（二）安慰剂检验（Placebo）

首先提取所有"公司—年度"观测值中 JCN、ICN、SCN 变量值，然后分别将其变量值随机地分配给"公司—年度"观测值（Comaggia 和 Li，2019），再重新对基准模型回归分析（见表 5-8），非控股股东网络中心度的系数均不显著，说明安慰剂效应不存在，研究设计未受局限性因素的驱动。

表 5-8　对投资效率模型的稳健性测试

变量	Abs_INV		Abs_INV		Abs_INV		Placebo		
	（1）	（2）	（3）	（4）	（5）	（6）	（7）	（8）	（9）
JCMN	0.308***								
	（3.127）								
JBMN		−0.228*							
		（−1.772）							

续表

变量	Abs_INV		Abs_INV		Abs_INV		Placebo		
	（1）	（2）	（3）	（4）	（5）	（6）	（7）	（8）	（9）
ICMN			-0.483^{***} (-2.836)						
IBMN				-0.196^{**} (-2.067)					
SCMN					-0.206^{***} (-6.417)				
SBMN						-0.182^{*} (-1.772)			
JCN							-0.115 （1.089）		
ICN								-0.329 (-1.391)	
SCN									-0.023 (-0.414)
Controls	控制	控制	控制	控制	控制	控制	控制	控制	控制
Ind/Year	控制	控制	控制	控制	控制	控制	控制	控制	控制
Adj-R^2	0.068	0.062	0.032	0.046	0.046	0.062	0.065	0.078	0.071

第四节　机制分析

本章发现，非控股股东网络主体异质性对企业投资效率发挥了不同的作用。接下来将在网络主体的异质性影响基础上，对非控股股东网络对企业投资效率的影响机制进行更为细致的考察，利用中介效应分别检验网络信息效应以及监督治理效应在不同网络主体中的作用机制是否存在不同。需要指出的是，在相关性分析中程度中心度和中介中心度已被证实具有较高一致性，因而后续研究仅以程度中心度作为衡量网络中心度的唯一指标。

一、机构非控股股东网络与企业投资效率

本章首先检验机构非控股股东网络能否通过网络嵌入效应提升企业投资效

率。如前文理论分析部分所述，关系网络是隐性信息产生和传播的重要渠道（孙淑伟和俞春玲，2018），而在网络中占据的位置不仅象征着借助投资者网络提取和传递信息能力，投资者个体之间联结关系形成的网络结构成为私有信息传播的有效范围，也决定着机构非控股股东网络对信息传播效果和资源控制能力的大小。居于网络核心位置的的机构非控股股东作为信息和资源的流经渠道，不仅可以影响信息的传递方向和效果，进而提升市场定价效率，而基本面信息对企业实际投资决策存在重要影响，反映企业真实价值的基本面信息可以有效降低企业投资的低效率（戴鹏毅等，2021；田昆儒和游竹君，2021），使企业的实际投资处于合理水平，而且也可以及时挖掘更多的资源和控制资源的配置，帮助企业获取较好的投资机会，最终可提升企业投资效率。为检验这一命题，利用中介效应模型考察机构非控股股东网络对信息传递和资源配置路径的控制效果。表 5-9 的实证结果显示，程度中心度（JCN）与市场定价效率（MEF）的回归系数显著为负，即非控股股东网络可以提高市场定价效率；市场定价效率（MEF）放入基准回归后的回归系数显著为正，程度中心度（JCN）的系数依然显著，且系数大小和显著性有所减弱，即市场定价效率（MEF）的中介效应是显著的。当 Growth 做因变量时，CN1 的系数在 5% 水平下显著为正，说明机构非控股股东网络中心度显著提高了企业投资机会。当 INV 做因变量时，CN1 的系数显著为负，Growth 的系数与预期相反，表明投资机会的中介效应在网络中心度对投资效率的促进作用中不存在。以上结果说明，网络信息效应的确是机构非控股股东网络提高企业投资效率的重要路径，即通过提升市场定价效率来抑制企业过度投资和投资不足的非效率投资行为。

表 5-9　机制检验：嵌入效应

变量	MEF (1)	Abs_INV (2)	Over (3)	Under (4)	Growth (5)	Abs_INV (6)
JCN	-0.742** (-2.163)	-0.232** (-2.025)	-0.112** (-2.191)	-0.217** (-2.483)	0.445** (2.526)	-0.369*** (-3.228)
MEF		0.151*** (3.191)	0.109** (2.036)	0.124*** (3.347)		
Growth	0.023** (2.544)	-0.025 (-1.031)	-0.017 (-0.439)	-0.011 (-1.035)		
Ind/Year	控制	控制	控制	控制	控制	控制
Adj-R^2	0.044	0.065	0.047	0.123	0.028	0.063

上文已经验证了机构非控股股东的网络嵌入效应对企业投资效率的影响，而网络嵌入效应主要源于对代理问题治理的需求，其中，信息效应使机构非控股股东可以更有效地发挥其治理作用，成为其持股企业经营决策的积极监督者和参与者，通过对控股股东掏空的治理和对管理层代理成本的治理，抑制其机会主义非效率投资行为，从而提高企业的投资效率。表5-10的回归结果显示，程度中心度（JCN）与管理费用率（ME）的回归系数显著为负，即机构非控股股东网络可以显著降低管理费用；管理费用率（ME）放入基准回归后的回归系数显著为正，程度中心度（JCN）的系数依然显著，且系数大小和显著性有所减弱，即管理层代理成本（MEF）的中介效应是显著的。当ERPT做因变量时，程度中心度（JCN）的系数显著为负，说明机构非控股股东网络显著抑制控股股东掏空行为，将ERPT放入基准回归后的回归系数显著为正，程度中心度（JCN）的系数依然显著，且系数大小和显著性有所减弱，即控股股东掏空（ERPT）的中介效应是显著的。以上结果说明，网络治理效应的确是机构非控股股东网络提高企业投资效率的重要路径，非控股股东网络中心度越大，对控股股东掏空和管理层代理成本的治理效应越强，从而对企业非效率投资行为的抑制作用也越强。

表5-10　机制检验：治理效应

变量	ME	Abs_INV	Over	Under	ERPT	Abs_INV	Over	Under
	（1）	（2）	（3）	（4）	（5）	（6）	（7）	（8）
JCN	−0.382**	−0.301**	−0.101**	−0.248***	−0.141**	−0.305***	−0.111**	−0.219***
	（−2.065）	（−2.562）	（−2.488）	（−3.102）	（−1.994）	（−2.618）	（−2.115）	（−3.042）
ME		0.236***	0.105**	0.235**				
		（2.780）	（2.372）	（2.076）				
ERPT						0.568**	0.768*	0.715**
						（1.977）	（2.056）	（2.400）
Ind/Year	控制	控制	控制	控制	控制	控制	控制	控制
Adj-R²	0.157	0.069	0.034	0.120	0.092	0.069	0.053	0.122

二、机构非控股股东、网络主体异质性与企业投资效率

社会网络的异质性问题可能是导致现有机构非控股股东网络研究产生分歧的重要原因。不同机构投资者网络主体的社会互动形式和动机不同，可能是起带头作用的积极治理者，也可能是跟随者或旁观者，继而对企业投资产生不同的影响效应。相较于独立非控股股东，非独立非控股股东由于其与企业存在业务联系，很可能不参与公司治理，那么其网络信息效应还能对企业投资行为产生影响吗？

或为了迎合被投资企业甚至可能成为企业间隐形利益输送的渠道，加剧企业的实际投资与合理水平的偏离程度。为了检验机构非控股股东对企业投资效率的影响是否存在主体差异，本章将机构非控股股东区分为独立非控股股东和非独立非控股股东的子样本，重新进行网络模型构建和回归分析。

表 5-11 的实证结果显示，独立网络程度中心度（DCN）与市场定价效率（MEF）的回归系数显著为负，即独立网络权力可以提高市场定价效率；市场定价率（MEF）放入基准回归后的回归系数显著为正，DCN 的系数依然显著，且系数大小和显著性有所减弱，即市场定价效率（MEF）的中介效应是显著的。独立网络治理效应的确是独立非控股股东网络提高企业投资效率的重要路径，其网络中心度越大，对控股股东掏空和管理层代理成本的治理效应越强，从而对企业投资过度和投资不足这一非效率投资行为的抑制作用也越强，继而提升企业投资效率。

非独立网络的回归结果如表 5-12 所示，非独立网络程度中心度（NDCN）与市场定价效率（MEF）的回归系数显著为负，但市场定价效率（MEF）放入其基准回归后回归系数显著为负，与预期相反，说明市场定价效率的中介效应不成立；但在企业投资不足回归模型中，控制了中介变量（MEF）的影响后，NDCN 的系数显著为负，说明网络信息效应中介了非控股股东对企业投资不足的抑制作用，但对企业投资过度的中介作用不存在。程度中心度（NDCN）与管理费用率（ME）的回归系数显著为正，即非独立网络会显著提高管理费用；管理费用率（ME）放入基准回归后的回归系数显著为正，程度中心度（NDCN）的系数依然显著，且系数大小和显著性有所减弱，即管理层代理成本（ME）的中介效应是显著的，表明居于网络中心位置的非控股股东很可能选择与管理层"合谋"，为维持与被投资企业的业务联系以为自己谋取商业收益，不仅没有提高企业的投资效率，反而对企业投资效率具有负面影响。当 ERPT 做因变量时，程度中心度（NDCN）的系数显著为负，说明非独立网络显著抑制控股股东掏空行为，将 ERPT 放入基准回归后，从整体上来看，非控股股东网络与企业投资效率的相关关系减弱，ERPT 的回归系数不显著，Sobel Z 统计量均小于 1.65，即非控股股东可能会从"合谋者"转变为"旁观者"角色，控股股东掏空（ERPT）的中介效应不成立。以上结果说明，非独立型并不会通过网络治理效应提高企业投资效率，反而其网络中心度越大，越会受到管理层代理成本的反向作用，为了实现自身利益最大化，会选择与管理层形成"合谋"联盟，加剧企业非效率投资现象；居于中心位置的非控股股东可能出于"职业道德约束"，并不会与控股股东进行暗中沟通来加剧其掏空行为，但也不会通过对控股股东掏空的治理来提升企业投资效率，更可能选择"无为主义"的态度，对企业投资行为无实质性影响。

表 5-11 独立非控股股东网络机制检验

变量	MEF (1)	INV (2)	Over (3)	Under (4)	ME (5)	INV (6)	Over (7)	Under (8)	ERPT (9)	INV (10)	Over (11)	Under (12)
DCN	-0.647** (-2.387)	-0.238** (-2.420)	-0.065* (-1.712)	-0.217** (-2.483)	-0.238** (-2.301)	-0.305*** (-3.439)	0.103** (2.165)	-0.231*** (-3.909)	-0.173*** (-2.685)	-0.209*** (3.216)	-0.100** (-2.228)	-0.286*** (-3.686)
MEF		0.150*** (3.167)	0.402** (2.292)	0.124*** (3.347)								
ME						0.193*** (3.620)	0.207* (1.797)	0.298*** (2.735)				
ERPT										0.213 (1.122)	0.165 (1.535)	0.722** (2.423)
Controls	控制	控制	控制	控制	控制	控制	控制	控制	控制	控制	控制	控制
Ind/Year	控制	控制	控制	控制	控制	控制	控制	控制	控制	控制	控制	控制
Adj-R^2	0.044	0.065	0.033	0.123	0.200	0.053	0.035	0.120	0.092	0.069	0.024	0.123

表5-12　非独立非控股股东网络机制检验

变量	MEF (1)	INV (2)	Over (3)	Under (4)	ME (5)	INV (6)	Over (7)	Under (8)	ERPT (9)	INV (10)	Over (11)	Under (12)
NDCN	-0.752** (-2.163)	0.311** (2.025)	0.110** (2.161)	-0.329** (-1.980)	0.324* (1.862)	0.312*** (2.696)	0.127** (2.488)	0.335*** (4.335)	-0.181*** (-3.239)	0.292* (1.989)	0.142* (1.725)	-0.199** (-2.342)
MEF		-0.151*** (-3.190)	-0.025 (-0.126)	0.124*** (3.347)								
ME						0.372** (2.245)	0.105** (2.372)	0.235** (2.076)				
ERPT										0.568* (1.877)	0.652 (0.742)	0.715* (1.725)
Controls	控制	控制	控制	控制	控制	控制	控制	控制	控制	控制	控制	控制
Ind/Year	控制	控制	控制	控制	控制	控制	控制	控制	控制	控制	控制	控制
Adj-R²	0.046	0.072	0.039	0.112	0.196	0.060	0.031	0.130	0.129	0.075	0.046	0.096

三、个人非控股股东网络与企业投资效率

以上实证结果证实了个人非控股股东网络与企业投资效率之间存在负相关关系，然而，这一结果是否与机构非控股股东网络产生的机制相同还需进行更为谨慎的讨论和回归分析。从理论上来说，相较于机构投资者，个人投资者属于信息劣势者，读懂公开信息的能力较弱，也没有足够的资金支持去搜集非公开信息（余佩琨等，2009）。然而，居于核心位置的个人非控股股东能够利用其网络效应有效弥补其信息劣势并抑制其在信息不对称情境下的非理性决策行为。为了检验个人非控股股东网络在何种机制中发挥作用，利用中介效应检验程序分别对其网络嵌入效应和治理效应进行检验。

表 5-13 的回归结果显示，个人非控股股东网络程度中心度（ICN）与市场定价效率（MEF）的回归系数显著为负，即个人非控股股东网络中心度可以提高市场定价效率；市场定价效率（MEF）放入基准回归后，从整体上来看，回归系数显著为负，与预期相反，说明市场定价效率（MEF）的中介效应不成立。当 Growth 做因变量时，ICN 的系数在 5% 水平下显著为正，说明个人非控股股东网络中心度显著提高了企业投资机会。当 Abs_INV 做因变量时，ICN 的系数在 1% 的水平上显著为负，Growth 的系数也在 5% 水平下显著，表明投资机会部分中介了网络对投资效率的促进作用；当 Over 做因变量时，ICN 的系数显著为负，Growth 的系数不显著，Sobel Z 统计量为 1.112，表明投资机会的中介效应在网络中心度对投资过度的抑制作用不存在；当 Under 做因变量时，ICN 的系数显著为负，Growth 的系数并不显著，但 Sobel Z 统计量均高于 1.655，说明投资机会的中介效应在 10% 水平上显著。表 5-14 治理效应的回归结果显示，当管理费用率（ME）做因变量时，程度中心度（ICN）的回归系数显著为负，即个人非控股股东网络可以显著降低管理费用；管理费用率（ME）放入基准回归后的回归系数显著为正，程度中心度（ICN）的系数依然显著，且系数大小和显著性有所减弱，即管理层代理成本（ME）的中介效应是显著的。当 ERPT 做因变量时，程度中心度（ICN）的系数显著为负，说明个人非控股股东网络显著抑制控股股东掏空行为，将 ERPT 放入基准回归后的回归系数显著为正，程度中心度（ICN）的系数依然显著，且系数大小和显著性有所减弱，即控股股东掏空（ERPT）的中介效应是显著的。以上结果说明，网络信息效应对个人非控股股东网络促进企业投资效率的中介作用非常有限，但相较于机构非控股股东的网络信息效应的发挥，个人非控股股东网络则会通过投资机会的提升来促进企业投资效率，即抑制企业投资不足行为来提高企业投资效率。治理效应的确是个人非控股股东网络提高企

业投资效率的重要路径，网络中心度越大，对控股股东掏空和管理层代理成本的治理效应越强，从而对企业非效率投资行为的抑制作用也越强。

表 5-13 机制检验：信息效应

变量	MEF	Abs_INV	Over	Under	Growth	Abs_INV	Over	Under
	（1）	（2）	（3）	（4）	（5）	（6）	（7）	（8）
ICN	−0.344***	−0.186***	−0.255***	−0.199***	0.521**	−0.629***	−0.352**	−0.301**
	（−3.099）	（−5.877）	（−4.022）	（−3.862）	（2.058）	（−2.774）	（−2.128）	（−1.991）
MEF		−0.203***	−0.435*	0.092**				
		（−4.412）	（−1.713）	（2.268）				
Growth	0.013	0.023	−0.012**	−0.071				
	（1.106）	（0.193）	（−2.406）	（−1.002）				
Ind/Year	控制	控制	控制	控制	控制	控制	控制	控制
Adj-R²	0.208	0.049	0.015	0.112	0.117	0.058	0.019	0.177

表 5-14 机制检验：治理效应

变量	ME	Abs_INV	Over	Under	ERPT	Abs_INV	Over	Under
	（1）	（2）	（3）	（4）	（5）	（6）	（7）	（8）
ICN	−0.427***	−0.214***	−0.268*	−0.121***	−0.100***	0.208***	−0.269***	−0.101***
	（−5.243）	（−6.622）	（−1.813）	（−4.958）	（−3.819）	（−6.466）	（−3.591）	（−4.046）
ME		0.382***	0.306**	0.257***				
		（3.705）	（2.112）	（3.631）				
ERPT						0.724***	0.122**	0.395*
						（2.844）	（2.143）	（1.726）
Ind/Year	控制	控制	控制	控制	控制	控制	控制	控制
Adj-R²	0.135	0.053	0.024	0.098	0.094	0.048	0.022	0.098

四、国有非控股股东网络与企业投资效率

已有研究证实了国有资本持股对企业非效率投资行为的抑制作用（李增福等，2021）。前文的分析中也发现，国有非控股股东网络对企业投资效率的提升作用，但是否通过其网络嵌入效应和治理效应需通过实证对两种效应加以验证。因为Brunnermeier 等（2017）指出，投资者可能对国有资本的交易行为进行投机，从而忽略公司的基本面信息，导致市场定价效率降低。李志生等（2019）也发现，尽管"国家队"在宏观经济政策和市场信息的获取能力上具有绝对优势，但其交易行为增加投资者所面对的逆向选择成本，也影响市场有效性和功能的发挥。然而，处于网络核心位置的国有非控股股东能够帮助其持股企业的信息依托于其股

权网络更容易跨越组织界限，使企业的基本面信息在其网络中快速交互，进而提升市场定价效率（田昆儒和游竹君，2021）。并且在中国特殊的制度背景下，国有资本的监管者角色具有更有效的约束力，控股股东或管理层进行非效率投资行为的机会主义动机更小。为了检验信息效应和治理效应的作用机制在国有非控股股东网络中是否成立，进行以下中介检验和回归分析。

表 5-15 的回归结果显示，国有非控股股东网络程度中心度（SCN）与市场定价效率（MEF）的回归系数显著为负，即国有非控股股东网络中心度可以提高市场定价效率；市场定价效率（MEF）放入基准回归后的回归系数显著为负，说明市场定价效率（MEF）部分中介了国有非控股股东网络对于投资效率的促进作用成立。当 Growth 做因变量时，SCN 的系数在 10% 的水平下显著为正，说明国有非控股股东网络中心度显著提高了企业投资机会。当 Abs_INV 做因变量时，SCN 的系数在 1% 的水平上显著为负，Growth 的系数显著为正，表明投资机会的中介效应在网络中心度对投资效率的促进作用不存在。此外，国有非控股股东网络是否会通过缓解企业融资约束问题来提升企业投资效率，为了检验这一路径是否成立，采取 Hadlock 和 Pierce（2010）的指数衡量融资约束程度，SA 指数为负，其绝对值越大企业受到的融资约束越强。当 SA 做因变量时，SCN 的系数在 1% 水平下显著为负，说明国有非控股股东网络中心度显著降低了企业融资约束程度。当 Abs_INV 做因变量时，SCN 的系数在 10% 的水平上显著为负，SA 的系数也在 1% 水平下显著，表明融资约束部分中介了网络对投资效率的促进作用；当 Over 做因变量时，SA 的回归系数不显著，Sobel Z 统计量为 0.925，表明融资约束的中介效应在网络中心度对投资过度的抑制作用中不存在；当 Under 做因变量时，控制了中介变量 SA 的影响后，SCN 的系数仍显著为负，说明融资约束部分中介了网络对企业投资不足的抑制作用。以上结果说明，国有非控股股东的网络嵌入效应确是提高企业投资效率的重要路径，即通过提升市场定价效率和缓解融资约束程度来抑制企业的非效率投资行为。

表 5-15　机制检验：嵌入效应

变量	MEF	Abs_INV	Over	Under	Growth	Abs_INV	SA	Abs_INV	Over	Under
	（1）	（2）	（3）	（4）	（5）	（6）	（7）	（8）	（9）	（10）
SCN	−0.527***	−0.257***	−0.770***	−0.138***	0.175*	−0.285***	−2.165***	−0.195*	−0.679*	−0.087**
	(−2.891)	(−4.640)	(−3.274)	(−3.117)	(1.789)	(−4.979)	(−4.961)	(−1.766)	(−1.809)	(−1.983)
MEF		0.203***	0.442*	0.092**						
		(4.407)	(1.734)	(2.255)						

续表

变量	MEF	Abs_INV	Over	Under	Growth	Abs_INV	SA	Abs_INV	Over	Under
	（1）	（2）	（3）	（4）	（5）	（6）	（7）	（8）	（9）	（10）
SA								0.095***	0.125	0.065***
								(5.654)	(1.522)	(3.251)
Growth	0.013	0.037	−0.010**	−0.079			0.023	−0.038	0.008***	0.011*
	(1.074)	(0.209)	(−2.352)	(−1.005)			(1.015)	(−1.296)	(3.535)	(1.768)
Ind/Year	控制	控制	控制	控制	控制	控制	控制	控制	控制	控制
Adj-R²	0.207	0.048	0.015	0.112	0.125	0.045	0.452	0.043	0.135	0.136

表 5-16 治理效应的回归结果显示，当管理费用率（ME）做因变量时，程度中心度（SCN）的回归系数显著为负，即国有非控股股东网络可以显著降低管理费用；管理费用率（ME）放入基准回归后的回归系数显著为正，程度中心度（SCN）的系数依然显著，且系数大小和显著性有所减弱，即管理层代理成本（ME）的中介效应是显著的。当 ERPT 做因变量时，程度中心度（SCN）的系数显著为负，说明国有非控股股东网络显著抑制控股股东掏空行为，将 ERPT 放入基准回归后的回归系数显著为正，程度中心度（SCN）的系数依然显著，且系数大小和显著性有所减弱，即控股股东掏空（ERPT）的中介效应是显著的。以上结果说明，网络治理效应的确是国有非控股股东网络提高企业投资效率的重要路径，网络中心度越大，对控股股东掏空和管理层代理成本的治理效应越强，从而对企业的非效率投资行为的抑制作用也越强。

表 5-16　机制检验：治理效应

变量	ME	Abs_INV	Over	Under	ERPT	Abs_INV	Over	Under
	（1）	（2）	（3）	（4）	（5）	（6）	（7）	（8）
SCN	−0.386***	−0.278***	−0.703***	−0.137***	−0.088**	−0.282***	−0.623***	−0.129***
	（−4.242）	（−4.976）	（−2.951）	（−3.339）	（−2.139）	（−5.020）	（−3.135）	（−3.410）
ME		0.649***	0.382**	0.392***				
		（6.809）	（2.031）	（3.247）				
ERPT						0.713***	0.121**	0.607***
						（2.804）	（2.140）	（3.098）
Ind/Year	控制	控制	控制	控制	控制	控制	控制	控制
Adj-R²	0.115	0.057	0.027	0.097	0.093	0.047	0.022	0.075

本章小结

本章在基于非控股股东网络影响企业投资效率的理论分析上，初步构建了主体异质性下非控股股东网络影响企业行为的理论框架，实证检验了机构非控股股东网络、个人非控股股东网络、国有非控股股东网络与企业投资效率之间的关系，并分别从网络嵌入效应和治理效应挖掘了异质非控股股东治理行为差异的影响路径，对解释非控股股东的治理效果和行为选择提供了新视角。研究发现：

首先，机构非控股股东的网络中心度能有效提升投资效率，抑制企业投资不足与过度投资的非效率投资行为。机制分析显示，机构非控股股东的网络信息效应可以通过提升市场的定价效率来提高企业的投资效率，即网络信息效应可以提高市场的有效性，进而引导投资环节的资源配置效率；机构非控股股东网络的治理效应通过约束控股股东和管理层的自利行为来影响投资过度和缓解投资不足，从而促进企业的投资效率。此外，机构非控股股东在上市公司中的治理角色不能简单地用"监督者""合谋者"和"旁观者"加以界定，其自身的异质性是影响其治理意愿和行为选择的重要因素。独立网络中心度与企业投资效率显著负相关，独立网络中心度越高，企业的投资越有效率。而居于网络中心位置的非独立型不仅没有提高企业的投资效率，反而更多扮演"合谋者"角色，对企业的投资效率具有负面影响，也可能是"旁观者"角色，并不会参与企业投资决策。机制分析发现，独立非控股股东的网络信息效应缓解了企业投资不足，但对企业投资过度的中介作用不存在，意味着网络信息效应的确提升了企业的投资效率，且主要表现为投资不足。非独立型的网络信息效应对企业投资效率的影响非常有限，甚至不存在。并且，独立网络治理效应确是其提高企业投资效率的重要路径，其网络中心度越大，对控股股东掏空和管理层代理成本的治理效应越强，继而提升企业投资效率。然而，非独立型并不会通过网络治理效应提高企业投资效率，反而其网络中心度越大，会受到管理层代理成本的反向作用，为了实现自身利益最大化，会选择与管理层形成"合谋"联盟，加剧企业非效率投资现象；居于中心位置的非独立型可能出于"职业道德约束"，并不会选择与控股股东进行暗中勾通来加剧其掏空行为，但也不会通过对控股股东掏空的治理来提升企业投资效率，更可能选择"无为主义"的态度，对企业投资行为无实质性影响。

其次，个人非控股股东的网络中心度可能弥补了个人投资者的非理性决策行为，且其中心度的增加有助于抑制企业的非效率投资行为，提升企业的投资效率。机制分析发现，个人非控股股东网络并不能通过提升市场的定价效率来提高企业的投资效率，但可以通过对投资机会的控制来缓解企业的投资不足，也就是说，网络的信息效应对个人非控股股东网络促进企业投资效率的影响非常有限，更多表现为强关系的"资源桥"效应；而信息效应在一定程度上保障了个人非控股股东网络治理效应的价值实现，网络中心度越大，对控股股东掏空和管理层代理成本的治理效应越强，从而对企业非效率投资行为的抑制作用也越强。另外，国有非控股股东网络中心度越高，企业的投资越有效率，也就是说，居于网络中心位置的国有非控股股东能够有效抑制企业投资的低效率，不仅能抑制公司的过度投资行为，所在企业投资不足也能得以缓解。机制分析发现，网络嵌入效应和治理效应的确是国有非控股股东网络提高企业投资效率的重要路径，既能通过资本市场定价效率的信息效应来提升企业的投资效率，而网络的"资源桥"效应并不是通过投资机会的控制而是融资约束问题的缓解来提升企业的投资效率；并且网络中心度越大，对控股股东掏空和管理层代理成本的治理效应越强，从而对企业非效率投资行为的抑制作用也越强。

这些发现意味着，非控股股东的网络位置是非控股股东的重要特征，能够对企业投资行为产生重要影响，但其作用的发挥在不同的网络主体中表现为不同的影响效应，即网络嵌入效应以及监督治理效应在不同网络主体中的作用效果存在不同。基于此，本书认为，非控股股东的行为嵌入于网络中，社会网络主体分析和行为分析为全面认识我国上市公司非控股股东特征及治理行为提供新的视角和证据支持。

第六章

无实际控制人下非控股股东网络与企业投资效率

近年来，一些上市公司纷纷发布公告称自己的公司是"无实际控制人"，无实际控制人现象成为资本市场股权分散化的极端典型。据统计，2000~2019年，无实际控制人上市公司占A股上市公司数量的比重从1.04%逐年上升至6%，例如，中国平安、万科和伊利股份等企业长期不存在实际控制人；新化股份、三角防务和开普检测等企业公开披露无单一股东能对股东大会、董事会决议以及经营管理活动具有控制权；科达制造、云南白药和启迪环境等企业通过引入战略投资者、非公开发行股票和资产重组等形式变更为无实际控制人状态，无实际控制人上市公司已成为资本市场十分常见的经济现象。这些广泛存在的无实际控制人企业既可能形成制衡的公司治理结构，避免股东利用金字塔层级、交叉持股等形式构建内部资本市场而进行隧道挖掘行为，从而实现资本社会化。然而，无实际控制人企业可能导致股东丧失对企业的实际控制，进而公司的实际控制权转由管理层掌控，出现内部人控制，加重代理成本；且实际控制人是企业责任的最终承担者，而无实际控制人企业却没有明确的追责主体，这不仅制约了证监会对于企业行为的有效监管和制约，也增加了投资者投资失败的风险，进而削弱了投资者信心。因此，在中国市场无实际控制人现象越来越普遍的现实背景下，厘清无实际控制人企业在公司治理和经营活动中会产生什么影响，我国资本市场的投资者会如何应对这一变化？进而为公司治理理论构建和监管当局的实践指引制定带来有益的借鉴和启发。

传统的经济学研究单纯从经济因素出发分析现实中的经济问题而忽略经济个体之间固有的社会联系，研究结果往往与实际相偏离。事实上，个人作为嵌入社会关系中的"理性人"，其经济行为嵌于社会结构中，即在经济金融研究中引入社会网络理论势必会提高其解释能力（Granovetter，1985；罗荣华和田正磊，2020）。股权结构作为公司治理的逻辑起点，非控股股东作为企业资本的权益方，其在多家企业持有股权的经济行为在资本市场十分普遍，据统计，截至2018年底，大约32%的上市企业以非控股股东同时持股的方式建立关系联结，这种同时持股而形成的直接或间接关系联结形式则成为非控股股东网络的基础。已有文献证实非控股股东网络的存在且对非控股股东的决策行为、股价波动、企业绩效产生影响，且目前关于非控股股东网络的经济影响主要包括协同治理和利益合谋这两种观点：非控股股东网络可能为企业间的信息和资源流动提供低成本渠道（He等，2019；马连福和杜博，2019；黄灿和李善民，2019），也可能为企业间合谋提供一条隐蔽的利益输送途径，进而影响资本市场的运行秩序（Azar等，2018；Park等，

2019）。然而，鲜有文献从网络嵌入视角探讨非控股股东网络对其持股企业会发挥什么效应，其网络关系和结构特征对企业行为的影响机制如何，且从中国现实背景出发研究非控股股东网络对无实际控制人企业经营决策的影响更是较为罕见。

为此，本章探讨了非控股股东网络对无实际控制人企业投资行为的影响。非控股股东网络这一新兴的所有权联结形式作为一种非正式制度，是企业间信息和资源流动的重要纽带，拥有更多元化的异质性行业信息和更丰富的治理经验，这些将能否以及如何影响无实际控制人企业的投资效率，是协同治理效应还是利益合谋效应，通过简单的理论和统计分析难以得出明确的结论，还需严谨的回归分析作为支撑。基于上述理论分析和实践需求，本章深入考察非控股股东网络对无实际控制人企业投资效率的影响。

第一节　理论分析与研究假设

2005 年修订后的《中华人民共和国公司法》引入"实际控制人"概念，规定了实际控制人需要具备的特征。2006 年，监管部门提出对实际控制人信息披露义务的明确要求，同年 6 月，深圳证券交易所发布相应的工作指引，2010 年深圳证券交易所对上市公司披露实际控制人情况提出强制要求。《上市公司收购管理办法》、上海证券交易所和深圳证券交易所《股票上市规则》以及《上市公司治理准则》等相关法律法规也对上市公司控制权的认定以及实际控制人详细资料进行了披露。总之，在立法、司法、执法机关共同推动下，实际控制人已纳入监管视野，且目前公司治理理论界和实务界对公司治理制度的设计主要围绕存在实际控制人的企业，即实际控制人是我国资本市场制度背景下公司治理构架的重要抓手。交易所、证监会等监管机构之所以重点关注上市公司的实际控制人情况，是因为实际控制人是影响公司内部治理有效性和经营业绩的普遍因素。实际控制人有利于公司的长期稳定经营，不仅可以通过直接持股的方式有效降低大小股东之间代理成本，提升公司价值（邵帅和吕长江，2015），也可以直接介入公司决策或参与公司治理机构以缓解管理层与股东之间的代理冲突。此外，实际控制人作为公司责任的最终承担者，明确的责任机制在一定程度上便于监管机构核查公司的经营管理活动并认定企业行为的追责主体，也确保了投资者利益不被恶意侵害，当公司存在风险信号时，实际控制人通过出具相应的《承诺书》，对给投资者带来的潜在损失进行兜底承诺。但同时由于实际控制人利用金字塔层级、交叉持股等形式以较少的现金流权就能对链上企业产生乘数效应或杠杆效应，这给实际控制人实施"隧道掏空"提供了便利。可见，实际控制人有动机侵占中小股东利益，也有能力有效抑制管理层的机会主义行为。

实际控制人存在下的治理构架和治理效果为分析无实际控制人的治理问题提供良好的基准。当上市公司同时满足以下三个条件则被认定为"无主公司"即"无实际控制人公司"：一是任一股东及其关联方均不足以对股东大会决策拥有最终决策权；二是任一股东提名的董事无法控制董事会决策；三是任一股东不足以对公司的经营管理活动产生决定性影响力。无实际控制人意味着企业不存在实际控制人与其他中小股东之间的利益冲突而引致的代理问题，但此类型企业的实际控制权由职业经理人或高管主导或掌握而缺乏对其监督和制约，容易出现内部人控制问题。具体到无实际控制人企业的投资决策而言，无实际控制人缺位和较长的委托代理链条使管理层成为企业实际控制人，模糊了其应对股东承担的忠诚义务和勤勉义务，管理层可能出于构建"商业帝国"、提高短期内期权价值、获得隐性"灰色收入"等动机，利用其较大的自主权来进行符合自身利益最大化的负 NPV 项目，从而控制更多资产以获得私人利益，形成过度投资现象；另外，管理当局也可能由于担心投资失败而危及个人利益或出于避免政治风险的动机，不愿意进行投资或倾向于选择低风险的投资机会而错失 NPV 为正的投资项目，造成企业投资不足。因此，在无实际控制人企业的投资过程中，如何实现对企业管理者的有效监督显得尤为重要。但现有研究主要基于存在实际控制人的制度背景，鲜有文献探讨无实际控制人企业的投资决策行为及其治理问题。因此，在已有研究的基础上，本章基于社会网络理论，探讨无实际控制人企业非控股股东网络对企业投资行为的影响，并从非控股股东网络的信息嵌入效应、监督治理效应以及利益合谋效应这三个特征分别提出"协同假说"和"合谋假说"两种假说。

一、协同假说

"协同"主要表现为资金、知识、关系、技能等各个要素的共享和整合，通过系统内主体之间的交互过程来推动这些要素在系统内的高效流动，以使更多的信息和资源被挖掘出来转化为资本，从而来降低成本、分散风险以及实现规模效益和范围效应，为社会创造巨大的经济效益和社会效益（陈劲和阳银娟，2012）。需要指出的是，协同效应作为网络各要素间非线性互动的结果，既不同于市场机制作用下的"随机"协同，又不同于行政机制下的"捏合"协同，而是建立于利益最大化原则之上的"多元互补"协同。而网络的这一协同效应嵌入于网络不同位置被赋予不同的资源获取和控制权力、多元化信息的筛选和整合能力以及非冗余的异质性信息的处理和扩散效率。在由社会关系构建的社会网络中，协同效应主要通过对社会"关系"和网络"结构"的协同，实现社会网络的价值增值。具体到非控股股东网络而言，不同的网络位置所引致的信息和资源势差主要表现在两个方面：一是嵌入效应，体现在社会关系对有价值的私有信息和资源的挖掘能力，以及网络结构对非冗余的异质性信息和资源的传递和整合能力；二是监督治理效应，嵌入效应使非控股股东可以更有效地发挥其监督作用，在一定程度上保障了其治理效力（治理动机和治理能力）。

（一）嵌入效应

投资是增加股东价值的重要决策行为，而好的投资机会及对这类竞争性信息的快速获取是企业投资行为的首要环节。非控股股东网络是企业间信息和资源流动的枢纽，而在网络中占据核心位置的非控股股东则是信息和资源的获取、吸收、分享和扩散的关键关联节点，且网络中非控股股东之间的交互过程经过不断循环，越来越多的信息和资源被挖掘出来的同时，偏离股东价值最大化或有损股东利益的信息则在网络循环过程中得到检验而被进一步调整或摒弃，从而形成很强的规模效应。Pirolli（2007）的研究也证实，如果个体所获取的信息可以得到外部检验，信息质量可以被最大限度的优化。

首先，网络中心度越大的非控股股东拥有更多获取投资机会信息的渠道、更快速识别投资机会的社会关系网络筛选机制以及更强控制投资机会的能力，从而及时和准确地给其持股企业传递和提供投资机会相关的私有信息和专有资源。现有研究认为，实际控制人拥有的社会资本和网络关系有助于企业投资效率的提升，也通过对股东大会、董事会和管理团队的影响来推动企业持续经营成长（蔡庆丰等，2017），但无实际控制人的企业不仅导致企业失去了一些优质的资源和投资机会的渠道，而且"所有者缺位"容易使企业陷于经营混乱状态，拥有较大自主权的管理层可能因职务懈怠而对投资机会缺乏敏感性。然而，无实际控制人企业非控股股东弥补了"实际控制人"的缺位，承担起对抗管理层控制权的权力制衡角色，这在一定程度上实现了持股企业的"所有者回归"，而网络中心度在保障其参与企业决策更多话语权的同时（Edmans等，2019），提升了企业价值。

其次，网络中心度越大的非控股股东凭借其结构优势可以增强网络信息的传播效果（马连福等，2021；田昆儒和游竹君，2021）。现有研究指出，企业披露的信息质量会对其他企业资本成本产生溢出效应（Shroff等，2017），即如果企业披露低质量信息，将会扭曲行业间其他企业的投资决策。处于核心位置的非控股股东的网络结构优势，有助于在网络不断交互过程中建立起行业内企业间信任关系，而在不完全契约摩擦上的信息关系降低了交易风险和信息不对称，使私有信息在网络中的传递更加顺畅，优化信息传播效果，减少行业内企业间的负外部性，从而使企业做出更加稳健的投资决策。当企业处于无实际控制人状态时，实际控制权由管理层掌控，管理层存在的过度自信心理会导致过度投资，造成资金浪费、资本沉淀和股东成本上升，侵蚀股东财富，而在多家企业持股的非控股股东利用其嵌入优势而带来的丰富的行业专长和管理经验，帮助企业及时调整投资策略，继而提高企业的投资效率。总而言之，无实际控制人企业非控股股东凭借其网络关系嵌入和结构嵌入效应，帮助企业避免投资净现值为负的项目，同时快速投资好的项目，进而提高企业的投资效率。

（二）监督治理效应

已有研究表明，在多家企业持股的非控股股东总是表现为积极的监督者角色（He 等，2019），相较于单一持股的股东而言，非控股股东网络能够通过嵌入效应产生规模效应，由此无论是积极性还是能力都具有更好的治理效力。经典的财务理论认为，在管理层与股东之间的代理冲突的作用下，管理层的投资决策行为可能偏离股东财富最大化的目标（Jenson 和 Meckling，1976）。缺乏实际控制人的企业股权结构分散，不再具有对管理层强有力的监督，反而会降低管理层自利成本和风险，加剧股东和管理层之间的代理冲突，一方面管理层通过自定薪酬、自利归因、降低内控质量等方式获取更高的超额回报（章琳一和张洪辉，2020；刘佳伟和周中胜，2021），也会通过控制董事会，降低董事会对其私利行为的约束和监督（Banm 和 Forst，2015），加剧管理层"盘踞效应"，继而恶化公司治理状况；另一方面股权结构高度分散会提升非控股股东对企业控制权争夺的风险，通过与管理层合谋的方式来满足其获取控制权的动机，继而严重干扰企业正常运营。

无实际控制人企业非控股股东网络对企业投资决策监督治理的增量效应主要体现在以下三个方面：一是更强的监督动机。网络中心度越大的非控股股东会更加积极履行股东监督职能，有效地监督无实际控制人企业投资决策过程中管理层牟取私利的行为。二是更高的治理能力。网络中心度大的非控股股东占据核心的网络位置，其网络关系嵌入和结构嵌入效应使其积累了丰富的管理知识和治理经验，由此可以对内部人决策背后的经济目的和存在的潜在风险具有更强的解读和鉴别能力，进而及时地识别和约束管理层存在自利动机的非效率投资行为。三是更低的合谋意愿。证监会往往会重点关注无实际控制人企业的经营管理活动，并要求中介机构对无实际控制人的认定进行全面核查和详细说明。另外，网络中心度越大的非控股股东往往具有较高的社会地位和声望，受到金融市场上投资者和监管层的关注相对更大，即所谓的"树大招风"，一旦其与管理层合谋的行为被发现，会受到证监会给予的行政罚款甚至禁入证券市场的处罚，即在网络中占据核心位置的非控股股东与管理层合谋的意愿更小。由此，网络中心度越大的非控股股东可以发挥更好的监督治理效应，减少管理层追逐私利的动机，从而提升企业的投资效率。

基于以上分析，本书提出假设：

H6.1a：无实际控制人企业非控股股东网络中心度会提升企业的投资效率。

二、合谋假说

股权结构高度分散会提升非控股股东对企业控制权争夺的风险。2015年下半年，随着"宝能系"多次举牌万科以及万科管理层的反击，爆发的"宝万之争"不仅引出了上市公司中存在的管理层控制企业的"内部人控制"现象，也引发了在股权结构高度分散下非控股股东之间的合谋疑问。在理论研究上，相关文献已经表明，内部人的负面影响较多（Aoki和Kim，1995；Hettler和Forest，2019）。无实际控制人企业管理层作为内部人控制公司时，非控股股东与管理层之间可能存在博弈的空间，管理层可以通过引入外部投资者进一步稀释非控股股权或内部"收买"董事会成员来弱化非控股股东的监督（祝继高和王春飞，2012），非控股股东对管理层的内部监督机制被管理层"盘踞"，在此情形下，非控股股东更倾向于"搭其他股东监督的便车"，进而弱化非控股股东的监督行为，居于网络中心位置的非控股股东在有限注意力的约束下，更无暇顾及管理层的"盘踞行为"。更为重要的是，股权结构高度分散会提升处于相对控股地位的非控股股东对企业控制权争夺的风险，社会资本的控制力和影响力则会影响非控股股东之间的博弈（祝继高和王春飞，2012）。处于相对控股地位的非控股股东会不断对董事和管理层施加影响，并提拔其信任的人员进入董事会和担任公司高管，或为了拉拢、左右和控制管理层，会利用其社会资本来实现对股东大会、董事会和管理层的控制，而网络中心度越高的非控股股东拥有更多的社会资本，且凭借其社会资本获得更多的控制权（赵晶和郭海，2014），控制权博弈的过程会严重干扰企业正常运营，造成企业投资的低效率，降低企业的投资效率。

基于上述分析，本书提出：

H6.1b：无实际控制人企业非控股股东网络中心度会降低企业的投资效率。

第二节　研究设计

一、样本选择与数据来源

本书初始研究样本为2014~2019年沪深A股上市公司。其中无实际控制人数据来自 CSMAR 数据库，股东数据来自 CSMAR 数据库中的十大股东文件，其他财务数据和公司治理数据均来自 CSMAR 与 WIND 数据库。对初始观测样本进行如下整理工作：剔除银行、保险等金融行业公司；删除 ST 公司样本；删除关键变量数据缺失公司，得到公司层面 865 个有效样本观察值。此外，为了增强结论可靠性，对连续变量按照 1% 和 99% 分位的标准缩尾处理。

二、模型设定与变量定义

为检验基本假设，本书构建了如下的回归模型：

$$Abs\_INV_{i,t+1}(Over_{i,t+1} or Under_{i,t+1}) = \alpha_0 + \alpha_1 CN_{i,t} + \alpha_2 X_{i,t} + IND + YEAR + \varepsilon_{i,t} \quad （6-1）$$

$$Abs\_INV_{i,t+1}(Over_{i,t+1} or Under_{i,t+1}) = \beta_0 + \beta_1 BN_{i,t} + \beta_2 X_{i,t} + IND + YEAR + \delta_{i,t} \quad （6-2）$$

（一）非控股股东网络

借鉴已有文献的做法（陈运森和谢德仁，2011；马连福和杜博，2019），利用程度中心度（CN）和中介中心度（BN）作为衡量网络中心度的指标。

程度中心度反映非控股股东在股东社会联结中正式或非正式交流的活跃程度及核心程度。程度中心度（CN）的计算方法：

$$CN_i = \left(\sum_j X_{ij}\right) / (S-1) \quad （6-3）$$

式中，X_{ij} 表示与非控股股东 i 通过网络连接的其他股东 j，如果 i 与 j 在同一家上市公司持有股份，$X_{ij}=1$，否则为 0；S 表示整个网络所拥有的节点总数。

中介中心度刻画非控股股东对信息和资源流动路径和传递渠道的"局部桥"控制优势。中介中心度（BN）的计算方法：

$$BN_i = \left(\sum_{j<k} S_{jk(n_i)} / S_{jk}\right) / [(S-1)(S-2)] \quad （6-4）$$

式中，$S_{jk(n_i)}$ 是非控股股东 j 与股东 k 的捷径路径中 i 的数量，$S_{jk(n_i)}$ 是非控股股东 j 与股东 k 的捷径路径中 i 的数量。

（二）投资效率（Abs_INV）

在估计企业的正常投资水平基础上，模型的残差表示企业的投资不足和投资过度（残差绝对值表示企业的投资效率）（Richardson，2006），其估计模型为：

$$INV_{i,t+1} = \delta_0 + \delta_1 Q_{i,t} + \delta_2 Cash_{i,t} + \delta_3 ListY_{i,t} + \delta_4 Size_{i,t} + \delta_5 Lev_{i,t} + \delta_6 Return_{i,t} + \delta_7 INV_{i,t} + IND + YEAR + \varepsilon_{i,t} \quad （6-5）$$

INV_{t+1} 为 $t+1$ 年公司资本投资量，INV_t 为 t 年公司资本投资量，回归残差若为正，表征投资过度（$Over_{i,t+1}$）；如果为负，那么投资不足（$Under_{i,t+1}$）（对 $Under_{i,t+1}$ 乘以 –1，这样 $Under_{i,t+1}$ 越大，投资不足越严重）。控制变量包括公司规模、杠杆水平、盈利能力等，具体变量定义见表6-1。

表6-1　变量界定

变量类别	变量名词	符号	变量定义
被解释变量	非效率投资	Abs_INV	模型（1）回归残差的绝对值
解释变量	程度中心度	CN1	以每年度无实际控制人企业非控股股东的程度中心度均值度量
	中介中心度	BN1	以每年度无实际控制人企业非控股股东的中介中心度均值度量
控制变量	两职合一	Dual	董事长与总经理由同一人兼任时，取值为1；否则为0
	董事会规模	SOD	董事会总人数的自然对数
	独董比例	OutDir	独立董事人数 / 董事会人数总和
	公司规模	Size	企业资产总额的自然对数
	公司成长机会	Growth	销售收入增长率
	杠杆水平	Lev	企业总负债 / 资产总额
	经营活动现金流	CF	经营活动现金流量净额除以总资产
	盈利能力	ROA	企业净利润 / 平均资产总额
	市场价值	Q	（年末流通市值 + 非流通股份占净资产的金额 + 负债总额）/ 资产总额

第三节　实证结果与分析

一、描述性统计与分析

主要变量的描述性统计分析如表6-2所示。企业投资效率（Abs_INV）均值为0.047，最小值和最大值分别为0.003和0.622，表明企业之间的投资效率差异较大；非控股股东的中介中心度（BN1）的均值达到0.013，表明整体上非控股股东处于较为核心的网络位置。核心变量的相关分析结果见表6-3，CN1和BN1均与Abs_INV在5%水平下显著负相关，非控股股东网络中心度越高，投资效率越高，这与理论分析相符，也初步验证了基本假设。对Abs_INV细分之后发现，CN1和BN1与Over和Under均显著呈负相关，这与H6.1a和H6.1b也基本相符。同时，CN1 和 BN1 的相关系数为 0.673，表明我们选取的两个网络中心度指标比较一致性质量较高。

表6-2　变量的描述性统计

变量	样本数	均值	标准差	最小值	最大值
Abs_INV	865	0.047	0.067	0.003	0.622
Under	351	−0.045	0.046	−0.573	−0.010
Over	514	0.056	0.115	0.001	0.516
CN1	865	0.012	0.028	0.002	0.112
BN1	865	0.013	0.030	0	0.120
ROA	865	0.041	0.157	−1.317	0.595
Size	865	19.129	1.366	15.416	23.704
Growth	865	0.322	0.565	−0.476	2.665
CF	865	0.042	0.062	−0.153	0.237
Lev	865	0.442	0.412	0.095	2.195
Q	865	2.725	1.165	0.807	10.105
Dual	865	0.273	0.446	0.000	1.000
OurDir	865	0.377	0.057	0.250	0.600
SOD	865	2.259	0.206	1.792	2.773

表6-3　核心变量相关关系

变量	Abs_INV	Under	Over	BN1
CN1	−0.082**	−0.450**	−0.132***	0.673***
BN1	−0.280**	−0.074***	−0.350***	1

注：括号内为 t 值；*、** 和 *** 分别表示在 10%、5% 和 1% 的显著性水平上显著，下同。

二、回归检验与分析

表6-4 报告了基本假设的实证检验结果。其中，第（1）、（2）列结果显示，CN1 和 BN1 均与 Abs_INV 显著负相关，系数分别为 −0.362 和 −0.564，表明程度中心度（CN1）和中介中心度（BN1）都呈现一致的结果，无实际控制人企业非控股股东网络中心度与企业投资效率显著负相关，非控股股东网络中心度越高，企业的投资越有效率，也就是说，居于网络中心位置的非控股股东能够有效抑制无实际控制人企业投资的低效率，本书基本假设得到了经验证据支持。对过度投

资样本的检验中,CN1 和 BN1 与 Over 的回归中系数至少在 5% 的水平上显著为负,而投资不足作为因变量时,程度中心度(CN1)的系数为负,且在 10% 的显著性水平上显著,中介中心度(BN1)与 Under 的回归中系数不显著,说明非控股股东网络中心度的确降低了无实际控制人企业的非效率投资水平,且主要表现为抑制了企业的过度投资,而对企业投资不足的影响非常有限,甚至不存在。

表6-4　非控股股东网络对企业投资效率影响的基准回归检验

变量	Abs_INV		Over		Under	
	(1)	(2)	(3)	(4)	(5)	(6)
CN1	−0.362***		−0.337**		−0.423*	
	(−3.041)		(−2.164)		(−1.874)	
BN1		−0.564***		−0.448***		−0.604
		(−4.203)		(−2.742)		(−1.586)
ROA	−0.215***	−0.218***	−0.366*	−0.123	−0.287***	−0.315***
	(−3.294)	(−3.490)	(−1.892)	(−1.482)	(−3.026)	(−5.061)
Size	−0.020	−0.017	0.036**	−0.060	−0.027**	−0.015
	(−1.089)	(−0.971)	(2.162)	(−0.692)	(−2.284)	(−0.851)
Growth	−0.010	−0.007	−0.012*	−0.067*	−0.010**	−0.033
	(−1.238)	(−0.961)	(−1.938)	(−1.799)	(−2.057)	(−0.609)
CF	0.134***	0.129***	−0.132*	0.307*	0.794	0.935***
	(5.835)	(8.785)	(−1.875)	(1.703)	(1.558)	(4.548)
Lev	0.236	0.223	0.365	−0.302	−0.168	0.026
	(0.871)	(0.748)	(1.237)	(−1.494)	(−1.197)	(0.115)
Q	0.040***	0.042***	0.032***	−0.007	−0.038**	−0.041***
	(3.865)	(2.813)	(2.926)	(−0.512)	(−2.055)	(−3.866)
Dual	−0.013	−0.017	0.014	0.115	0.035	0.072**
	(−0.341)	(−0.507)	(1.310)	(1.622)	(0.627)	(2.271)
OurDir	0.324	0.126	0.249*	0.016	−0.334	0.024
	(0.580)	(0.284)	(−1.859)	(0.054)	(−0.498)	(0.045)
SOD	0.059	−0.044	−0.085	0.083	−0.086	0.027
	(0.384)	(−0.390)	(−1.590)	(0.606)	(−0.551)	(0.184)
Ind/Year	控制	控制	控制	控制	控制	控制
_cons	0.292	0.101*	0.343*	0.709	0.226	0.118**
	(0.380)	(1.921)	(1.860)	(1.570)	(0.318)	(2.141)
Adj−R^2	0.105	0.138	0.013	0.078	0.205	0.182

三、稳健性检验

（一）变换自变量

通过中位数计算的无实际控制人企业非控股股东网络中心度指标（CN2 和 BN2）对 Abs_INV 的回归，与企业非效率投资显著负相关，这说明网络中心度指标结果比较稳定。

（二）安慰剂检验（Placebo）

首先将提取所有"公司—年度"观测值中 CN1 变量值，其次将 CN1 变量值随机地分配给"公司—年度"观测值（Comaggia 和 Li，2019），再重新对基准模型回归分析（见表 6-5），CN1 的系数不显著，说明安慰剂效应不存在，研究设计并未受局限性因素的驱动。

表 6-5　对投资效率模型的稳健性测试

变量	Abs_INV		Placebo
	（1）	（2）	（3）
CN1			−0.218
			（−1.166）
CN2	−0.162**		
	（−2.565）		
BN2		−0.738*	
		（−1.711）	
Controls	控制	控制	控制
Ind/Year	控制	控制	控制
_cons	0.346	0.101*	0.121**
	（0.442）	（1.918）	（2.051）
Adj-R^2	0.102	0.136	0.214

第四节　扩展性讨论

本章发现，非控股股东网络显著促进了无实际控制人企业投资效率，并具体表现为抑制了投资过度，但对企业投资不足行为的作用非常有限。接下来将对非控股股东网络对无实际控制人企业投资效率的影响机制进行更为细致的考察，利用中介效应检验监督治理效应的作用机制。此外，本章还区分了无实际控制人企业在信息环境、法律环境以及经济政策不确定性下的风险，以检验在不同信息环境、法律环境以及经济政策不确定性下，非控股股东网络对投资决策影响的异质性。需要指出的是，在相关性分析中程度中心度和中介中心度已被证实具有较高一致性，因而后续研究仅以程度中心度作为衡量网络中心度的唯一指标。

一、影响机制分析

参考前人实际控制人研究以及非控股股东网络的理论分析，无实际控制人企业非控股股东的网络治理效应可能从以下两条路径影响企业投资行为：

第一，在所有权和经营权分离的情况下，企业缺乏实际控制人的监督和制约会增加管理者"道德风险"和"逆向选择"行为，凭借其信息优势以权谋私，运用职位权力设定不合理的高等薪酬来提取货币型私有利益；

第二，相较于比较明显的货币型私有收益，无实际控制人的企业高管更倾向于运用职位权力获取更为隐蔽的非货币型私有收益，例如，在职消费等。显而易见，无论是货币型私有收益还是非货币型私有收益，都会严重损害企业价值，影响投资环节的资源配置效率，而发现其机会主义行为则需要较高的信息解读和获取能力。居于网络核心位置的非控股股东作为公开信息和非公开信息流经的重要渠道，一方面有能力去解读和分析公开信息；另一方面能够以较低成本获得非公开信息。信息优势不仅使非控股股东可以在董事会、股东大会等组织机构能够更容易解读和影响高管薪酬方案的制定，而且也赋予其较强的治理能力通过约束管理层的机会主义动机来提升企业投资效率。为检验这一命题，参照辛清泉等（2007）、张俊瑞等（2018）和王垒等（2020）做法，采用非正常的高管薪酬（SMon）和管理费用（ME）来度量其货币型私有收益和非货币型私有收益，具体做法有以下三点：一是采用上市公司"前三名高管的货币报酬总额"的对数来度量高管的实际薪酬（Pay）；二是本章借助模型（6）进行回归，通过估算的回归系数来计算出高管预期正常薪酬；三是用实际薪酬减去预期正常薪酬的残差得到高管非正常薪酬（SMon）。

$$\ln Pay_{i,t} = a_0 + a_1 Size_{i,t} + a_2 Roa_{i,t} + a_3 Roa_{i,t-1} + a_3 Q_{i,t} + a_5 Tangi_{i,t} + a_6 GDP_{i,t} +$$
$$a_7 Lawindex_{i,t} + a_8 shore_{i,t} + IND + YEAR + \varepsilon_{i,t} \qquad （6-6）$$

式中，$Tangi$ 为企业年末无形资产占比；GDP 衡量上市公司所处地区经济发达程度，采用人均 GDP 的自然对数；$Lawindex$ 为制度环境；$shore$ 为区域虚拟变量，企业沿海赋值为 1，内陆地区赋值为 0。

表 6-6 的实证结果显示，程度中心度（CN1）与高管非正常薪酬（SMon）

和管理费用（ME）的回归系数均显著为负，即非控股股东网络显著降低了货币型私有收益和非货币型私有收益；SMon 和 ME 分别放入基准回归后的回归系数显著为正，程度中心度（CN1）的系数依然显著，即管理层自利行为的中介效应是显著的。以上结果说明，无实际控制人企业管理层自利行为的治理的确是非控股股东网络提高企业投资效率的重要路径。但在对过度投资和投资不足分别进行中介检验时发现，管理层自利行为的治理在投资不足的子样本回归中不显著，意味着无实际控制人企业非控股股东网络主要通过对管理层自利行为的治理来抑制其过度投资行为，继而提升企业的投资效率。

表6-6　机制检验

变量	SMon	Abs_INV	Over	Under	ME	Abs_INV	Over	Under
	（1）	（2）	（3）	（4）	（5）	（6）	（7）	（8）
CN1	-0.231^{***}	-0.137^{*}	-0.163^{**}	-0.182	0.201^{***}	-0.257^{*}	-0.112^{*}	-0.348
	（-3.462）	（-2.029）	（-2.054）	（-1.331）	（5.015）	（-1.891）	（-1.788）	（-0.477）
SMon		0.049^{*}	-0.036^{*}	0.030				
		（1.831）	（1.924）	（-0.327）				
ME						0.663^{***}	0.216^{***}	0.871
						（3.039）	（2.767）	（0.459）
Ind/Year	控制	控制	控制	控制	控制	控制	控制	控制
Adj-R^2	0.027	0.096	0.021	0.169	0.189	0.147	0.027	0.218

二、进一步研究

（一）信息环境

理论上，良好的信息环境能够降低投资者与企业之间的信息势差，帮助投资者更加真实地了解控股股东或管理层的道德风险行为，但信息环境较差时，非控股股东会凭借其网络信息效应来及时挖掘控股股东或管理层的私利行为，降低其进行过度投资或投资不足的非效率投资行为，进而实现其股东价值最大化。为检验这一命题，利用分析师跟踪人数来衡量企业的信息环境，并按照分析师跟踪人数的均值将全样本分为两个子样本，大于均值的为信息环境好组（ANA_H），等于和小于均值的为信息环境差组（ANA_L）。参照许年行等（2013）的研究，采用跟踪企业的分析师人数加1后取对数来衡量企业的信息环境。从如表 6-7 所示的回归结果可以看出，在企业信息环境较差时，非控股股东对企业投资效率的促进作用更为显著，说明非控股股东网络中心度越大，其网络信息效应对非效率投资的抑制作用越强。

（二）法律环境

无实际控制人企业非控股股东网络的影响在不同地区可能有不同的表现。在市场经济不够完善的地区，经济金融发展水平不高，法律制度和环境也不够健全，信息流动性不高，监管机构的执法效率不高，治理环境较差，而且管理层自利行为受到制约、甚至处罚的可能性也较小。因此，相对于外部法律环境较好的公司，非控股股东网络在法律环境较差的无实际控制人企业中作为一种外部治理机制，充当正式制度的替代机制发挥作用，对投资效率发挥的作用更大。因此，采用樊纲等（2016）编制的市场化指数中的"市场中介组织的发育和法律制度环境"来衡量企业所在地区的法律环境，根据企业所在地区法律环境的不同将样本排序，低于样本平均值为低法律环境组，赋值为1，否则取0。相关实证结果如表6-7所示，当无实际控制人企业所处地区法律环境较差时，非控股股东网络更能够有效提升企业投资效率。结果表明非控股股东网络作为一种非正式制度，其网络效应的发挥在正式制度完善的情况下会被削弱，即法律环境削弱了非控股股东网络对无实际控制人企业非效率投资行为的抑制作用。

（三）经济政策不确定性

2019年底暴发的新冠肺炎疫情带来的经济政策不确定性系统性风险尤甚，各行各业面临的不确定性增大，导致企业未来发展趋势和内在价值也剧烈波动，信息不对称程度加大，此时无实际控制人企业高管等内部人相对于外部投资者占据更大信息优势，利用私有信息进行机会主义非效率投资行为以获取超额收益。非控股股东网络在这种整体的不确定性下其信息获取能力被削弱，私有信息的可靠性和准确性也大打折扣，且信息在其网络联结中的传递效率放缓。因此，本书使用经济政策不确定性指数（EPU指数）检验非控股股东网络在宏观经济形势变化情况下对无实际控制人企业投资效率的差异，回归结果见表6-7。结果显示，当经济政策不确定性较高（EPU_H）时，非控股股东网络对企业投资效率的影响不显著，即经济政策不确定性削弱了非控股股东网络对无实际控制人企业投资效率的促进作用。

表6-7 分组检验

变量	Abs_INV		Abs_INV		Abs_INV	
	（1）LAW_L	（2）LAW_H	（3）ANA_L	（4）ANA_H	（5）EPU_L	（6）EPU_H
CN1	−0.138***	−0.204	−0.635*	−0.096	−0.786*	−0.153
	（−7.729）	（−1.202）	（−2.226）	（−0.769）	（−2.043）	（−1.084）

变量	Abs_INV		Abs_INV		Abs_INV	
	（1） LAW_L	（2） LAW_H	（3） ANA_L	（4） ANA_H	（5） EPU_L	（6） EPU_H
Ind/Year	控制	控制	控制	控制	控制	控制
_cons	−0.131 （−1.068）	0.865 （1.755）	0.216 （0.022）	0.500 （0.846）	0.259 （0.321）	0.663 （1.439）
Adj-R^2	0.105	0.171	0.132	0.017	0.159	0.103

本章小结

　　目前公司治理理论界和实务界对公司治理制度的设计主要围绕存在实际控制人的企业，即实际控制人是我国资本市场制度背景下公司治理构架的重要抓手。实际控制人有利于公司的长期稳定经营，不仅可以通过直接持股的方式有效降低大小股东之间代理成本，提升公司价值，也能够直接介入公司决策或参与公司治理机构以缓解管理层与股东之间的代理冲突。但随着资本市场的不断发展，上市公司无实际控制人现象越来越普遍，厘清非控股股东网络能否对无实际控制人企业的经营活动产生影响是本章关注的重点。本章在基于非控股股东网络影响企业投资效率的理论分析上，初步构建了无实际控制人非控股股东网络影响企业行为的理论框架，实证检验了非控股股东网络与无实际控制人企业投资效率之间的关系，并分别从无实际控制人企业高管货币性私有收益和非货币性私有收益挖掘了非控股股东网络的治理路径。研究发现：非控股股东网络中心度能有效提升无实际控制人企业的投资效率，抑制了过度投资的非效率投资行为。机制分析显示，抑制管理层货币性私有收益和非货币性私有收益是非控股股东网络提高无实际控制人企业投资效率的主要路径，即网络治理效应可以约束无实际控制人企业管理层的自利行为来影响过度投资，从而促进企业的投资效率。进一步的研究结果表明，企业信息环境、所处地域法律环境和整体上经济政策不确定性都会影响非控股股东网络的价值实现。

第七章

研究结论与展望

第一节 研究结论与启示

一、研究结论

在多家企业同时持有股权的非控股股东形成企业间经济关联的现象在资本市场越来越普遍，目前学术界对其发挥的效应究竟是治理效应还是合谋效应的讨论尚未形成一致的观点。本文以非控股股东在同一家企业之间的股权关系和持股比例大于等于3%为联结基础来构建非控股股东网络数据集，利用社会网络分析中的中心度量化指标来衡量非控股股东的网络位置，利用2014~2019年的A股上市公司为研究样本，具体考察非控股股东网络对于企业投资效率的影响。基于资源基础观、网络嵌入理论、代理理论、投资理论等多学科交叉融合的理论基础，初步构建非控股股东网络影响企业投资行为的理论框架，本章的研究支持治理效应，发现在社会网络中的位置优势有助于其提升信息挖掘、共享和处理水平，占据信息优势地位的非控股股东同时拥有对信息传递效率和资源流动方向的控制能力，进而强化了非控股股东对上市公司经营管理活动的监督能力和监督效率，增强非控股股东的外部治理作用。具体而言，主要结论有以下三个：

（1）基于网络嵌入效应，网络中心度高的非控股股东有更高的社会关系嵌入水平和结构优势，而非控股股东网络能够通过嵌入效应产生规模效应，由此无论是积极性还是监督能力均具有更好的治理效力，换言之，较高的信息收集能力和治理能力能够对企业的经营决策实施更加有效的监督，缓解企业的投资不足和过度投资的非效率投资行为，进而改善企业的投资效率。基于委托代理和社会经济学理论，对非控股股东网络影响企业投资效率的作用机制进行更为细致的考察发现，网络中心度主要通过约束控股股东和管理层的自利行为来影响投资过度以及企业投资机会的控制来缓解投资不足、市场定价效率的提升来抑制非效率投资行为，从而促进企业的投资效率；并在企业未来股价崩盘风险和信息不对称较高、法律环境较差地区时，非控股股东网络中心度对企业投资效率的促进作用和过度投资的抑制作用更明显，即非控股股东的关系网发挥的治理作用越重要，治理效应更显著。

（2）非控股股东网络的关系和结构特征共同决定着"财务资本"和"非财务信息或资源"对企业发展产生的影响。然而，非财务信息或资源的获取成本与难度较高，这要求非控股股东具备信息挖掘、处理能力和资源的控制能力，非控股股东网络主体的异质性决定着其关系和结构特征的异质性，继而决定了"非财务信息或资源"的异质性及其对企业发展的不同影响效应。因此，基于非控股股东网络的统计特征和主体特征。结合我国证券市场的情况，分别从机构非控股股东网络（独立和非独立非控股股东网络）、个人非控股股东网络和国有非控股股东网络分析其对于企业投资行为的不同影响效应，并分别从网络嵌入效应和治理效应挖掘了异质非控股股东治理行为差异的影响路径。研究发现：

首先，机构非控股股东网络中心度能有效提升投资效率，抑制企业投资不足与过度投资的非效率投资行为。机制分析显示，机构非控股股东通过网络信息效应和治理效应作用于企业行为，提高市场的有效性和约束控股股东、管理层的自利行为来提升企业的投资效率。此外，机构非控股股东自身的异质性是影响其治理意愿和行为选择的重要因素。独立非控股股东网络与机构中非控股股东网络对企业投资效率的影响效应趋向一致，而居于网络中心位置的非独立非控股股东不仅没有提高企业的投资效率，反而更多扮演"合谋者"角色，对企业的投资效率具有负面影响，也可能是"旁观者"角色，并不会参与企业投资决策。机制分析显示，非独立非控股股东并不会通过网络治理效应提高企业投资效率，反而其网络中心度越大，会受到管理层代理成本的反向作用，为了实现自身利益最大化，会选择与管理层形成"合谋"联盟，加剧企业非效率投资现象；居于中心位置的非独立非控股股东可能出于"职业道德约束"，并不会选择与控股股东进行暗中勾通来加剧其掏空行为，但也不会通过对控股股东掏空的治理来提升企业投资效率，更可能选择"无为主义"的态度，对企业投资行为无实质性影响。

其次，个人非控股股东的网络中心度可能弥补了个人投资者的非理性决策行为，提升企业的投资效率。机制分析发现，个人非控股股东的网络嵌入效应更多表现为"资源桥"来提高企业的投资效率；而治理效应的确是个人非控股股东网络提高企业投资效率的重要路径。另外，国有非控股股东网络中心度越高，企业的投资越有效率，并且网络嵌入效应和治理效应也是国有非控股股东网络提高企业投资效率的重要路径。

（3）实际控制人有利于公司的长期稳定经营，能够直接介入公司决策或参与公司治理以缓解管理层与股东之间的代理冲突，而且作为公司责任的最终承担者，明确的责任机制在一定程度上便于监管机构核查公司的经营管理活动并认定企业行为的追责主体，也确保了投资者利益不被恶意侵害。而近期一些上市公司纷纷发布公告称自己"无实际控制人"，无实际控制人现象成为资本市场股权分散化的极端典型。由此，针对无实际控制人企业的特殊股权结构模式，非控股股东网络能否发挥其外部治理机制来影响企业行为，这需要另外进行谨慎讨论，在初步构建非控股股东网络影响无实际控制人企业投资效率的理论逻辑框架基础上，分别从无实际控制人企业高管货币性私有收益和非货币性私有收益挖掘了非控股股东网络的治理路径。研究发现：非控股股东网络中心度依然能有效提升无实际控制人企业的投资效率，对管理层货币性私有收益和非货币性私有收益的约束是非控股股东网络提高无实际控制人企业投资效率的主要路径，企业信息环境、所处地域法律环境和整体上经济政策不确定性都会影响非控股股东网络的价值实现。

二、研究启示

基于上述研究发现，本书得出以下六项政策建议：

（1）企业应积极响应"十四五"规划建议，经济的高质量发展离不开企业的高质量发展，在新一轮政策红利中实现企业的高质量发展，自然需要在投资环节有效保障和提升资源配置效率。非控股股东网络具有信息和资源配置功能，企业应考虑吸引在网络总占据较高位置的股东加入，提升其数量和持股比例，并积极开展投资者关系管理，利用好其"创造价值"的网络的信息传递和资源配置作用，在股东之间、企业与股东之间建立有效的信息沟通平台和传递机制，在充分发挥非控股股东的"局部桥"作用的同时，调动其网络的传递效率和活力，进而提升企业投资效率。

（2）企业应重视非控股股东及其社会联结的价值和治理作用，进一步改进内外部治理机制，以维护资本市场经济秩序，防范系统性金融风险。非控股股东网络通过信息嵌入效应和治理效应提升企业投资效率。因此，企业应不但为非控股股东参与企业决策提供便利的条件，发挥非控股股东参与企业治理和建言献策等积极作用，而且控股股东或管理者应当认同非控股股东对于企业经营决策和完善公司治理所发挥的积极作用，并多与非控股股东进行沟通和交流，将其融入决策框架中以防止决策偏离。更为重要的是，企业要增强信息透明度，充分利用网络中国有、机构和个人这些异质性股东的"桥"作用，改善企业信息环境，但同时对于在信息传递中有重要作用（中心度较高）的异质性非控股股东，需要进行针对性的监管和控制，密切注意股权网络中联系较为"紧密"的非独立非控股股东是否涉嫌合谋与操纵股价，有助于化解企业屡屡发生的非系统性风险，维护市场经济秩序，从而开创"双赢"的局面。

（3）非控股股东应积极探索凭借自身治理优势提升企业市场价值的有效机制，努力发挥非控股股东对企业可持续竞争优势的促进作用，以避免企业非效率投资而对企业和自身造成共同损失。在网络中居于核心位置的非控股股东的主要优势在于信息资源和管理经验，因而非控股股东在行使股东权力的过程中，尤其国有性质的非控股股东应充分利用其"强信号"优势，更应该积极参与企业决策活动；个人非控股股东也应利用其"资源桥"作用以帮助企业获取更多的发展机会，而不是采用多种手段来规避累积投票制、在重大决策时关闭网络投票平台等消极主义行为；机构投资者应避免在股东大会或委派董事中保持中立等"旁观者"行为方式，切实保护中小股东的合法权益。尤其是与企业存在业务关系的机构投资者试图通过企业间合谋来最大化个人利益，应积极履行企业权益所有者的义务和责任，维护市场秩序和资本市场的健康发展。

（4）投资者可将非控股股东网络作为其获取信息和引导投资的价值信号。由于上市公司与投资者存在严重的信息不对称，信息披露是投资者了解上市公司的重要途径，投资者仅仅依靠公开信息难以获取可靠、有用的信息和直接观察到公司的经营管理问题，非控股股东的异质类型和其社会网络可以作为反映企业经济管理活动和代理问题的信号，尤其是国有性质的非控股股东、在资本市场活跃的个人投资者以及与企业不存在商业依赖关系的机构投资者的持股行为，这可为中小投资者提供一种识别上市公司经营可持续性和代理问题的方法，进而甄别具有长期可持续发展空间和经营良好的上市公司，实现理性投资，降低投资风险。

（5）建立有效的外部监督体系。目前监管部门对违规行为的监管主要依靠执行法规、规章等手段，且存在对违规的处罚力度不够、法律解释模糊、执行力不足等问题，所以在进一步完善监管体系的基础上应该加大监管和稽查处理的力度，完善对股东或管理层的违规责任追究制度，提高其违规的法律成本。此外，出台相关政策鼓励企业开通网络投票渠道，降低非控股股东参与企业治理和决策的成本，并进一步出台相关制度的实施细则以推动多元主体协同治理，中国证券监督管理委员会应当进一步加强中证投资者投服中心等治理机制的"监管型小股东"实施，以及政府健全事前、事中、事后全链条监管机制，营造良好的制度环境。只有这样，非控股股东网络才能得以充分发挥。并且，要尽快推进上市公司股权网络关系的信息披露，注重非控股股东网络对企业发展的提升效应的同时，应加强对异质性非控股股东的分层治理体系建立，防止股权网络成为企业间进行利益输送的隐秘通道，并培育更多着眼企业长远发展并占据网络核心位置的非控股股东。

（6）针对无实际控制人企业存在的风险：信息披露不足、治理风险、股东权益保护、战略方向不明确、潜在的违法风险以及企业信誉等问题，非控股股东网络可以发挥重要的约束作用，帮助无实际控制人企业识别、评估和应对风险。首先，监督企业决策和运营，确保企业管理层的行为符合法律法规和道德标准。可以通过要求企业提供相关信息，评估企业的风险管理措施和决策的合理性，并提出建议和警示。同时加强信息披露和透明度：非控股股东网络可以要求企业提供更全面、准确和及时的信息披露，增加企业的透明度，帮助投资者更好地了解企业的风险状况和经营情况。此外，非控股股东网络可以加强共同行动，保护自身的股东合法权益。通过联合投票、提出股东提案等方式，行使自己的权益，确保自己的利益得到合理的保护，这有助于约束企业管理层的行为，防止其滥用权力或损害股东利益。

第二节　研究局限和展望

一、研究局限

本书存在以下三点局限：

（1）受制于信息的可得性，本书只关注了非控股股东在多家上市公司持有股权这一直接经济联系作为构建其社会网络联结的基础，然而在中国独特文化背景和政治背景下，政治联系、职场文化、师门等联结关系，如果也纳入非控股股东社会网络的门槛也非常值得关注。

（2）非控股股东网络属性及结构对控股股东和管理层行为的影响是一个复杂、动态的过程，非控股股东特征及与管理层、监事会、董事会等内部人的关系是否存在调节作用，也有待未来深入挖掘。

（3）本书主要验证了非控股股东网络拥有的治理优势影响企业的经营发展，提升了企业的投资效率。但事实上，非控股股东网络也会导致企业间出现合谋，扭曲市场机制攫取超额利润，同样是值得关注的话题。

二、研究展望

未来研究可通过拓展数据库、研究方法等方式，引入其他的网络连接形式和测度方式对本书结果的稳健性和普适性做进一步的分析。未来可在以下三方面展开进一步研究：

首先，融合非控股股东网络主体属性的细分考察去探讨融资活动、风险预警、价值链网络和资源配置等领域非控股股东网络的经济影响。更重要的是，在类似非控股股东网络、供应链关系网络、董事网络等不同的经济网络中，存在大量有待挖掘的网络参数维度，以及对于网络构建和作用效果有着大量有待挖掘的影响因素，因此后续可以展开网络不同算法与金融研究的进一步融合，以为从不同维度和视角对其关系进行分析。

其次，围绕非控股股东网络的价值创造能力，可从社会资本、创新、社会责任与可持续、地理分布、风险管理等方面深入研究。①关于社会资本和非控股股东网络：研究非控股股东网络中的社会资本如信任、合作和社会关系等以及这些社会资本如何影响非控股股东网络的形成和运作。通过研究非控股股东网络中的社会资本，可以深入理解非控股股东网络的社会联结和价值创造机制。②关于非控股股东网络与创新：研究非控股股东网络如何通过知识共享、技术转移和合作创新等方式促进企业的创新。③关于非控股股东网络与社会责任和可持续发展：研究非控股股东网络如何通过参与社会项目、推动环境保护和社会公益等方式实现可持续发展目标，进而推动企业在社会和环境方面的积极影响。④关于非控股股东网络的地理分布和区域发展：研究非控股股东网络在不同地区和行业的分布情况以及他们对地方经济发展的影响。通过研究非控股股东网络的地理分布和区域发展，可以为地方政府和企业提供有针对性的政策和战略建议。⑤关于非控股股东网络的风险管理和危机应对：研究非控股股东网络在风险管理和危机应对方面的作用，包括他们如何通过风险共担、信息共享和资源整合等方式应对各类风险和危机，提高企业的抗风险能力和危机管理能力。

最后，非控股股东网络的监管和治理改革是非常关键的研究领域，以下五方面是一些可能的拓展方向：①非控股股东网络的监管机制。包括如何建立有效的监管框架和制度，以确保非控股股东的行为符合法律法规和道德标准。通过研究非控股股东网络的监管机制，可以提出相应的监管政策和措施，保护股东权益和维护市场秩序。②非控股股东网络的信息披露和透明度。研究非控股股东网络的信息披露和透明度，包括他们如何向股东和市场提供准确、及时和全面的信息以及如何提高非控股股东网络的透明度和问责制。通过研究非控股股东网络的信息披露和透明度，可以提高市场的信息效率和投资者的信任度。③非控股股东网络的治理改革。包括如何改进非控股股东网络的治理结构和机制，以提高其对公司决策的参与度和监督能力。通过研究非控股股东网络的治理改革，可以推动企业治理的改进和提升，促进公司的可持续发展。④非控股股东网络的激励机制。包括如何设计合理的激励机制，以激发非控股股东的积极性和创造力。通过研究非控股股东网络的激励机制，可以提高非控股股东的投资意愿和参与度，促进企业的发展和增长。⑤非控股股东网络的跨国治理。包括如何建立跨国监管机制和合作机制，以应对非控股股东网络的跨国性和复杂性。通过研究非控股股东网络的跨国治理，可以加强国际合作，提高对跨国非控股股东网络的监管和治理能力。

参考文献

［1］ Aggarwal R K, Samwick A A. Empirebuilders and Shirkers: Investment, Firm Performance, and Managerial Incentives[J]. Journal of Corporate Finance, 2006, 12(3): 489–515.

［2］ Aghion P, Van Reenen J, Zingales L. Innovation and Institutional Ownership [J].The American Economic Review, 2013, 103(1): 277–304.

［3］ Aharony J, Wang J, Yuan H. Tunneling as an Incentive for Earnings Management during the IPO Process in China[J]. Journal of Accounting and Public Policy, 2010, 29(1): 1–26.

［4］ Ahern K R. Information Networks: Evidence from Illegal Insider Trading Tips[J]. Journal of Financial Economics, 2017, 125(1): 26–47.

［5］ Airoldi E M, Blei D M, Fienberg S E, et al. Mixed Membership Stochastic Blockmodels[J]. Journal of Machine Learning Research, 2008, (9): 1981–2014.

［6］ Akerlof G. The Market for Lemons: Quality Uncertainty and the Market Mechnism[J].Quarterly Journal of Economics, 1970, 84(3): 488–500.

［7］ Ali N, Miller D. Enforcing Cooperation in Networked Societies[R]. University of California Working Paper, 2012.

［8］ Almeida H, Campello M. Financial Constraints, Asset Tangibility, and Corporate Investment[J]. The Review of Financial Studies, 2007, 20(5): 1429–1460.

［9］ Amihud Y, Mendelson H Liquidity. The Value of the Firm, and Corporate Finance[J]. Journal of Applied Corporate Finance, 2008, 20(2): 32–45.

［10］ Antón M, Ederer F, Giné M, et al. Common Ownership, Competition, and Top Management Incentives[J]. Ross School of Business Paper, 2020 (1328).

［11］ Aral S, Van Alstyne M. The Diversity Bandwidth Tradeoff[J]. American Journal of Sociology, 2011, 117(1): 90–171.

［12］ Aslan H. Shareholders Versus Stakeholders in Investor Activism: Value for whom?[J]. Journal of Corporate Finance, 2020, 60(2): 101548.

［13］ Attig N, Ghoul S E, Guedhami O, et al. The Governance Role of Multiple Large Shareholders: Evidence from the Valuation of Cash Holdings[J]. Journal of Management and Governance, 2013,17(6): 419–451.

［14］ Azar J, Schmalz M C, Tecu I. Anticompetitive Effects of Common Ownership[J]. The Journal of Finance, 2018, 73(4): 1513–1565.

［15］ Balachandran S, Hernandez E. Networks and Innovation: Accounting for Structural and Institutional Sources of Recombination in Brokerage Triads[J]. Organization Science, 2018,

29(1): 80–99.

[16] Ball R, Robin A, Wu J S. Incentives Versus Standards: Properties of Accounting Income in Four East Asian Countries[J]. Journal of Accounting & Economics, 2004, 36(13): 235–270.

[17] Ball R. Market and Political/Regulatory Perspectives on the Recent Accounting Scandals[J]. Journal of Accounting Research, 2009, 47(2): 277–323.

[18] Barber B M, Odean T, Zhu N. Do Retail Trades Move Markets?[J]. The Review of Financial Studies, 2008, 22(1): 151–186.

[19] Bargeron L L, Lehn K M, Zutter C J. Sarbanes Oxley and Corporate Risktaking[J]. Journal of Accounting and Economics, 2010, 49(12): 34–52.

[20] Barnes J A. Class and Committees in a Norwegian Island Parish[J]. Human Relations, 1954, 7(1): 39–58.

[21] Barone G J, Magilke M J. An Examination of the Effects of Investor Sophistication on the Pricing of Accruals and Cash Flows[J]. Journal of Accounting, Auditing & Finance, 2009, 24(3): 385–414.

[22] Baumol W J. Business Behavior, Value and Growth[M]. New York:Oxford University Press, 1959.

[23] Beatty A, Liao W S, Weber J. The Effect of Private Information and Monitoring on the Role of Accounting Quality in Investment Decisions[J]. Contemporary Accounting Research, 2010, 27(1): 17–47.

[24] Bebchuk L, Grinstein Y. The Growth of Executive Pay[J]. Oxford Review of Economic Policy, 2005, 21(2): 283–303.

[25] Berle A G. The Modern Corporation and Private Property[M]. New York: Macmillan, 1932.

[26] Bertrand M, Mullainathan S. Enjoying the Quiet Life? Corporate Governance and Managerial Preferences[J]. Journal of Political Economy, 2003, 111(5): 1043–1075.

[27] Bhandari A, Javakhadze D. Corporate Social Responsibility and Capital Allocation Efficiency [J]. Journal of Corporate Finance, 2017(43): 354–377.

[28] Biddle G C, Hilary G, Verdi R S. How Does Financial Reporting Quality Relate to Investment Efficiency?[J].Journal of Accounting & Economics, 2009, 48(23):112–131.

[29] Biddle G C, Hilary G. Accounting Quality and Firm-level Capital Investment[J]. The Accounting Review, 2006, 81(5): 963–982.

[30] Borochin P, Yang J. The Effects of Institutional Investor Objectives on Firm Valuation and Governance[J]. Journal of Financial Economics, 2017, 126(1): 171–199.

[31] Botosan C A.Disclosure Level and the Cost of Equity Capital[J].The Accounting Review, 1997, 72(3): 323–350.

[32] Bourdieu P. The Forms of Capital:Handbook of Theory and Research for Sociology of Education [M].New York:Greenwood Press, 1986.

[33] Bourdieu P. Condition Position[J]. European Journal of Sociology, 1966, 7(2): 201–223.

[34] Brickley J A, Lease R C, Smith Jr C W. Ownership Structure and Voting on Antitakeover Amendments[J]. Journal of Financial Economics, 1988(20): 267–291.

[35] Brooks C, Z Chen, Y Zeng. Institutional Cross-ownership and Corporate Strategy: The Case of Mergers and Acquisitions[J]. Journal of Corporate Finance, 2018, 48(1): 187–216.

［36］Brown A R. On Social Structure[J]. The Journal of the Royal Anthropological Institute of Great Britain and Ireland, 1940, 70(1): 1–12.

［37］Brunnermeier M K, Pedersen L H. Market Liquidity and Funding Liquidity[J]. The Review of Financial Studies, 2009, 22(6): 2201–2238.

［38］Bulan L T. Real Options, Irreversible Investment and Firm Uncertainty: New Evidence from US Firms[J]. Review of Financial Economics, 2005, 14(34): 255–279.

［39］Burt, Ronald. Structure Holes: The Social Struture of Competition[M].Cambridge: Harvard University Press, 1992.

［40］Bushee B J, Noe C F. Corporate Disclosure Practices, Institutional Investors, and Stock Return Volatility[J]. Journal of Accounting Research, 2001(38): 171–202.

［41］Bushee B J. The Influence of Institutional Investors on Myopic R&D Investment Behavior[J]. The Accounting Review, 1998, 73(3):305–333.

［42］Cai Y, Sevilir M. Board Connections and M&A Transactions[J]. Journal of Financial Economics, 2012, 103(2): 327–349.

［43］Chang X, Dasgupta S, Hilary G. The Effect of Auditor Quality on Financing Decisions[J]. The Accounting Review, 2009, 84(4): 1085–1117.

［44］Chen S, Sun Z, Tang S, et al. Government Intervention and Investment Efficiency: Evidence from China[J]. Journal of Corporate Finance, 2011, 17(2): 259–271.

［45］Chen T, Xie L, Zhang Y. How Does Analysts' Forecast Quality Relate to Corporate Investment Efficiency?[J]. Journal of Corporate Finance, 2017(43): 217–240.

［46］Chen X, Harford J, Li K. Monitoring: Which Institutions Matter?[J]. Journal of Financial Economics, 2007, 86(2): 279–305.

［47］Chen Y, Li Q, Ng J. Institutional Cross Ownership and Corporate Financing of Investment Opportunities [R]. SSRN Working Paper，2018.

［48］Cheng C S, Huang H H, Lobo G J. Institutional Monitoring Through Shareholder Litigation[J]. Social Science Electronic Publishing, 2006, 95(3):356–383.

［49］Cheng M, Dhaliwal D, Zhang Y. Does Investment Efficiency Improve after the Disclosure of Material Weaknesses in Internal Control over Financial Reporting?[J]. Journal of Accounting and Economics, 2013, 56(1): 1–18.

［50］Cheng M, Lin B, Wei M. How Does the Relationship between Multiple Large Shareholders Affect Corporate Valuations? Evidence from China[J]. Journal of Economics and Business, 2013,(70): 43–70.

［51］Choi N, Sias R W. Institutional Industry Herding[J]. Journal of Financial Economics, 2009, 94(3): 469–491.

［52］Chuluun T, Prevost A K, Puthenpurackal J. Board Networks and the Cost of Corporate Debt[J]. Working Paper Series, 2010: 1573333.

［53］Churchman C W. Management Science: Science of Managing and Managing of Science[J]. Interfaces, 1994, 24(4): 99–110.

［54］Clark J M.Business Acceleration and the Law of Demand:A Technical Factor in Economic Cycles[J].Journal of Political Economics, 1917(25): 217–235．

［55］Cochran P L, Wartick S L. Corporate Governance : G Review of the Literature[Z]. Financial

Executives Research Foundation, 1984.

[56] Cohen L, Frazzini A, Malloy C. The Small World of Investing: Board Connections and Mutual Fund Returns[J]. Journal of Political Economy, 2008, 116(5): 951–979.

[57] Coleman J. Social Capital in the Creation of Human Capital[J]. American Journal of Sociology, 1994.

[58] Collins D W, Gong G, Hribar P. Investor Sophistication and the Mispricing of Accruals[J]. Review of Accounting Studies, 2003, 8(2): 251–276.

[59] Connelly B L, Lee K B, Tihanyi L, et al. Something in Common: Competitive Dissimilarity and Performance of Rivals with Common Shareholders[J]. Academy of Management Journal, 2019, 62(1): 1–21.

[60] Cont W A . Essays on Contract Design: Delegation and Agency Problems, and Monitoring under Collusion[J]. Levines Working Paper Archive, 2001, 46(7):14.

[61] Conyon M J, Murphy K J. The Prince and the Pauper? CEO Pay in the United States and United Kingdom[J]. The Economic Journal, 2000, 110(467): 640–671.

[62] Cornaggia J, Li J Y. The Value of Access to Finance: Evidence from M&As[J]. Journal of Financial Economics, 2019, 131(1): 232–250.

[63] Datta S, Iskandar Datta M, Sharma V. Product Market Pricing Power, Industry Concentration and Analysts' Earnings Forecasts[J]. Journal of Banking & Finance, 2011, 35(6): 1352–1366.

[64] Demsetz H.Towards a Theory of Property Rights[J].American Economic Review, 1967, 57(2): 61–70.

[65] Dhaliwal D, Judd J S, Serfling M, et al. Customer Concentration Risk and the Cost of Equity Capital[J]. Journal of Accounting and Economics, 2016, 61(1): 23–48.

[66] Edmans A, Manso G. Governance Through Trading and Intervention: A Theory of Multiple Blockholders[J]. The Review of Financial Studies,2011,24(7):2395–2428.

[67] Edmans A. Blockholder Trading, Market Efficiency, and Managerial Myopia[J]. The Journal of Finance, 2009, 64(6): 2481–2513.

[68] Ensley M D, Pearson A W. An Exploratory Comparison of the Behavioral Dynamics of Top Management Teams in Family and Nonfamily New Ventures: Cohesion, Conflict, Potency, and Consensus[J]. Entrepreneurship Theory and Practice, 2005, 29(3): 267–284.

[69] Epstein E J. Who Owns the Corporation? Management VS. Shareholders[M].New York: Priority Press Publications,1986.

[70] Faccio M, Lang L H P, Young L. Dividends and Expropriation[J]. American Economic Review, 2001, 91(1): 54–78.

[71] Faccio M, Marchica M T, Mura R. Large Shareholder Diversification and Corporate Risktaking [J]. The Review of Financial Studies, 2011, 24(11): 3601–3641.

[72] Fama E F. M C Jensen. Separation of Owner and Control[J]. Journal of Law and Economics, 1983, 26(2) : 301–325.

[73] Fang Y, Hu M, Yang Q. Do Executives Benefit from Shareholder Disputes? Evidence from Multiple Large Shareholders in Chinese Listed Firms[J]. Journal of Corporate Finance, 2018(51): 275–315.

[74] Fazzari S, Hubbard R G, Petersen B C. Financing Constraints and Corporate Investment[J].

Brookings Papers on Economic Activity, 1988(1): 141-195.

[75] Ferreira M A, Matos P. The Colors of Investors' Money: The Role of Institutional Investors around the World[J]. Journal of Financial Economics, 2008, 88(3): 499-533.

[76] Freeman K. The Effects of Common Ownership on Customer Supplier Relationships [R]. Kelley School of Business Research Paper, 2018.

[77] Freeman L C . Centrality in Social Networks : Conceptual Clarification[J]. Social Network, 1979, 1(3):215-239.

[78] Gao H, Harford J, Li K. Determinants of Corporate Cash Policy: Insights from Private Firms [J]. Journal of Financial Economics, 2013, 109(3): 623-639.

[79] Gilson R J, Roe M J. Understanding the Japanese Keiretsu: Overlaps between Corporate Governance and Industrial Organization[J]. The Yale Law Journal, 1993, 102(4):871-906.

[80] Glaser M, Schäfers P, Weber M. Managerial Optimism and Corporate Investment: Is the CEO alone Responsible for the Relation?[C]. 2008 New Orleans Meetings Paper, 2008.

[81] Granovetter M S .The Strength of Weak Ties[J].American Journal of Sociology, 1973, 78(6): 1360-1380.

[82] Granovetter, Mark. Economic Action and Social Structure: The Problem of Embeddedness[J]. American Journal of Sociology, 1985, 91(3):481-510.

[83] Grinblatt M, Keloharju M. The Investment Behavior and Performance of Various Investor Types: A Study of Finland's Unique Data Set[J]. Journal of Financial Economics, 2000, 55(1): 43-67.

[84] Hadlock C J, Pierce J R. New Evidence on Measuring Financial Constraints: Moving beyond the KZ Index[J]. The Review of Financial Studies, 2010, 23(5): 1909-1940.

[85] Haid A, Weigand J. R&D, Liquidity Constraints, and Corporate Governance [Z]. Working Paper,Indiana University, 1998.

[86] Hansen M T. Knowledge Networks: Explaining Effective Knowledge Sharing in Multiunit Companies[J]. Organization Science, 2002, 13(3): 232-248.

[87] Hansen R G, J R Lott. Externalities and Corporate Objectives in a World with Diversified Shareholder Consumers[J]. Journal of Financial and Quantitative Analysis, 1996, 31(1): 43-68.

[88] Hansen R G, Lott J R. Externalities and Corporate Objectives in a World with Diversified Shareholder/Consumers[J]. Journal of Financial and Quantitative Analysis, 1996, 31(1): 43-68.

[89] Hart O D. On Shareholder Unanimity in Large Stock Market Economies [J]. Econometrica: Journal of the Econometric Society, 1979, 47(5):1057-1083.

[90] Hart O.The Market as an Incentive Mechanism[J]. Bell Journal of Economics, 1983, 14 (2): 366-382.

[91] He J J, Huang J. Product Market Competition in a World of Crossownership: Evidence from Institutional Blockholdings[J]. The Review of Financial Studies, 2017, 30(8): 2674-2718.

[92] He J, Huang J, Zhao S.Internalizing Governance Externalities : The Role of Institutional Cross Ownership[J]. Journal of Financial Economics, 2019, 134(2): 400-418.

[93] Heinkel R, Zechner J. The Role of Debt and Preferred Stock as a Solution to Adverse Investment Incentives[J]. Journal of Financial & Quantitative Analysis, 1990, 25(1):1-24.

[94] Hirshleifer D, Suh Y. Risk, Managerial Effort, and Project Choice[J]. Journal of Financial

Intermediation, 1992, 2(3): 308–345.

[95] Holmstrom B, Costa J R I. Managerial Incentives and Capital Management[J]. The Quarterly Journal of Economics, 1986, 101(4): 835–860.

[96] Holmstrom B, Weiss L. Managerial Incentives, Investment and Aggregate Implications: Scale Effects[J]. The Review of Economic Studies, 1985, 52(3): 403–425.

[97] Hong H, Kubik J D, Stein J C. Thy Neighbor's Portfolio: Word–of–mouth Effects in the Holdings and Trades of Money Managers[J]. The Journal of Finance, 2005, 60(6): 2801–2824.

[98] Hou K, Moskowitz T J. Market Frictions, Price Delay, and the Crosssection of Expected Returns[J]. The Review of Financial Studies, 2005, 18(3): 981–1020.

[99] Jensen M C, Meckling W H. Theory of the Firm: Managerial Behavior, Agency Costs and Ownership Structure[J]. Journal of Financial Economics, 1976, 3(4): 305–360.

[100] Jensen M C. Agency Costs of Free Cash Flow，Corporate Finance and Takeovers[J]. The American Economic Review, 1986, 76(2): 323–329.

[101] Jiang G ,Lee C,Yue H. Tunneling Through Intercorporate Loans: The China Experience[J]. Journal of Financial Economics, 2010, 98(1):1–20.

[102] Johnson S, La Porta R, Lopezde Silanes F, et al. Tunneling[J]. American Economic Review, 2000, 90(2): 22–27.

[103] Jorgenson D. Capital Theory and Investment Behaviour[J]. American Economic Review, 1963(53):247–259.

[104] Julio B, Y Yook. Political Uncertainty and Corporate Investment Cycles[J]. Journal of Finance, 2012, 67(1): 45–83.

[105] Kalay A. Investor Sophistication and Disclosure Clienteles[J]. Review of Accounting Studies, 2015, 20(2): 976–1011.

[106] Kaplan S N, Zingales L. Do Investmentcash Flow Sensitivities Provide Useful Measures of Financing Constraints?[J]. The Quarterly Journal of Economics, 1997, 112(1): 169–215.

[107] Keynes J M. The General Theory of Employment,Interest,and Money[M]. London: Macmillan, 1936.

[108] Khan M, Srinivasan S, Tan L. Institutional Ownership and Corporate Tax Avoidance: New Evidence[J]. The Accounting Review, 2017, 92(2): 101–122.

[109] Kim J B, Zhang L. Corporate Tax Avoidance and Stock Price Crash Risk: Firmlevel Analysis [J]. Journal of Financial Economics, 2011b, 101(3): 713–730.

[110] Kumar A, Lee C M C. Retail Investor Sentiment and Return Comovements[J]. The Journal of Finance, 2006, 61(5): 2451–2486.

[111] La Porta R, Lopez–de–Silanes F, Shleifer A. Corporate Ownership around the World[J]. The Journal of Finance, 1999, 54(2): 471–517.

[112] Laffont J J, Martimort D. Collusion under Asymmetric Information[J]. Econometrica: Journal of the Econometric Society, 1997, 65(4): 875–911.

[113] Lara J M G, Osma B G, Penalva F. Accounting Conservatism and Firm Investment Efficiency [J]. Journal of Accounting and Economics, 2016, 61(1): 221–238.

[114] Li J, Zhou K Z, Poppo L. Managerial Ties in China: When Do They Bolster and Damage Performance? [J]. Academy of Management Conference, 2005(16):152.

［115］Marsdon P V, Lin N. Social Resources and Instrumental Action[A]// In Social Structure and Network Analysis[M]. Edited by Marsdon P V, Lin N. CA: Beverly Hills, Sage, 1982:131–145.

［116］Breiger R, Lin N. Social Resources and Social Mobility: A Structural Theory of Status Attainment[A]// In Social Mobility and Social Structure[M]. Cambridge University Press, 1990:120–146.

［117］Love I. Financial Development and Financing Constraints: International Evidence from the Structural Investment Model[J]. The Review of Financial Studies, 2003, 16(3): 765–791.

［118］Ma M. Economic Links and the Spillover Effect of Earnings Quality on Market Risk[J]. The Accounting Review, 2017, 92(6): 213–245.

［119］Modigliani F, Miller M H. The Cost of Capital, Corporation Finance and the Theory of Investment[J]. The American Economic Review, 1958, 48(3): 261–297.

［120］Myers S C, Majluf N S. Corporate Financing and Investment Decisions When Firms Have Information That Investors Do Not Have[J]. Journal of Financial Economics, 1984, 13(2): 187–221.

［121］Myers S, N Majluf. Corporate Financing and Investment Decisions When Firms Have Information that Investors Do Not Have[J]. Journal of Financial Economics, 1984, 13(2): 187–221.

［122］Nahapiet J, Ghoshal S. Social Capital, Intellecture, Capital, and the Organizational Advanced[J]. Academy of Management Review, 1998, 23(2):242–266.

［123］Ongena S, Zalewska A A. Institutional and Individual Investors: Saving for Old Age[J]. Journal of Banking & Finance, 2018 (92): 257–268.

［124］Ozsoylev H N, Walden J, Yavuz M D, et al. Investor Networks in the Stock Market[J]. The Review of Financial Studies, 2014, 27(5): 1323–1366.

［125］Ozsoylev H N, Walden J. Asset Pricing in Large Information Networks[J]. Journal of Economic Theory, 2011, 146(6): 2252–2280.

［126］Pareek A. Information Networks: Implications for Mutual Fund Trading Behavior and Stock Returns[R].AFA 2010 Atlanta Meetings Paper, 2012.

［127］Park J, Sani J, Shroff N, et al. Disclosure Incentives When Competing Firms Have Common Ownership[J]. Journal of Accounting and Economics, 2019, 67(23):387–415.

［128］Pawlina G, Renneboog L. Is Investment–cash Flow Sensitivity Caused by Agency Costs or Asymmetric Information? Evidence from the UK[J]. European Financial Management, 2005, 11(4): 483–513.

［129］Perry Smith J E, Shalley C E. The Social Side of Creativity: A Static and Dynamic Social Network Perspective[J]. Academy of Management Review, 2003, 28(1): 89–106.

［130］Phelps C C. A Longitudinal Study of the Influence of Alliance Network Structure and Composition on Firm Exploratory Innovation[J]. Academy of Management Journal, 2010, 53(4): 890–913.

［131］Pirolli P. Information Foraging Theory: Adaptive Interaction with Information [R].SSRN Working Paper, 2007.

［132］Polanyi K. The Great Transformation: The Political and Economic Origins of Our Time[M]. Boston, MA:Beacon Press, 1944.

［133］Pound J. Proxy Contests and the Efficiency of Shareholder Oversight[J]. Journal of Financial Economics, 1988, (20): 237–265.

［134］Putnam R D. Making Democracy Work[M]. Princeton: Princeton University Press, 1993.

［135］Rajan R G, Zingales L. Financial Dependence and Growth[J]. American Economic Review, 1998(88): 559–586.

［136］Rajgopal S, Shevlin T. Empirical Evidence on the Relation between Stock Option Compensation and Risk Taking[J]. Journal of Accounting and Economics, 2002, 33(2): 145–171.

［137］Ramalingegowda S, Utke S, Yu Y. Common Institutional Ownership and Earnings Management [J]. Contemporary Accounting Research, 2021, 38(1): 208–241.

［138］Rhee S G, Wang J. Foreign Institutional Ownership and Stock Market Liquidity: Evidence from Indonesia[J]. Journal of Banking & Finance, 2009, 33(7): 1312–1324.

［139］Richardson S.Overinvestment of Free Cash Flow[J]. Review of Accounting Studies, 2006, 11(23):159–189.

［140］Ross S A. The Economic Theory of Agency: The Principal's Problem[J]. The American Economic Review, 1973, 63(2): 134–139.

［141］Rubinstein, Ariel, Menahem E, Yaari. Repeated Insurance Contracts and Moral Hazard[J]. Journal of Economic Theory , 1983,30(1): 74–97.

［142］Scherer F M. Market Structure and the Stability of Investment[J]. The American Economic Review, 1969, 59(2): 72–79.

［143］Schmidt K M. Managerial Incentives and Product Market Competition[J]. The Review of Economic Studies, 1997, 64(2): 191–213.

［144］Schumpeter J A. The Theory of Economic Development[M]. Cambridge: Harvard University Press, 1934.

［145］Shane S, Cable D. Network Ties, Reputation, and the Financing of New Ventures[J]. Management Science, 2002, 48(3): 364–381.

［146］Shefrin H. Behavioral Corporate Finance[J]. Journal of Applied Corporate Finance, 2001, 14(3): 113–126.

［147］Shleifer A, Vishny R W. Large Shareholders and Corporate Control[J]. Journal of Political Economy, 1986, 94(3, Part 1): 461–488.

［148］Shleifer A, Vishny R W. The Grabbing Hand: Government Pathologies and Their Cures[M]. Cambridge: Harvard University Press, 1998.

［149］Shroff N, Verdi R S, Yost B P. When Does the Peer Information Environment Matter?[J]. Journal of Accounting and Economics, 2017, 64(23): 183–214.

［150］Shum P, Lin G. A Resourcebased View on Entrepreneurship and Innovation[J]. International Journal of Entrepreneurship and Innovation Management, 2010, 11(3): 264–281.

［151］Singh J, Hansen M T, Podolny J M. The World Is Not Small for Everyone: Inequity in Searching for Knowledge in Organizations[J]. Management Science, 2010, 56(9): 1415–1438.

［152］Smit H T J, Ankum L A. A Real Options and Game–theoretic Approach to Corporate Investment Strategy under Competition[J]. Financial Management, 1993, 22(3): 241–250.

［153］Stulz R M. Managerial Discretion and Optimal Financing Policies[J]. Journal of Financial Economics, 1990, 26(1): 3–27.

［154］Tan Y, Tian X, Zhang X, et al. The Real Effects of Privatization: Evidence from China's Split Share Structure Reform[J]. Journal of Corporate Finance, 2020, 64(1): 101661.

［155］Tirole J. Collusion and the Theory of Organizations[A]// Advances in Economic Theory: Proceedings of the Sixth World Congress of the Econometric Society[M]. Edited by Laffont J J. Cambridge: Cambridge University Press, 1992:35–50.

［156］Tobin J. A General Equilibrium Approach to Monetary Theory[J]. Journal of Money, Credit, and Banking, 1969, 1(1): 15–29.

［157］Tribo J A, Berrone P, Surroca J. Do the Type and Number of Blockholders Influence R&D Investments? New Evidence from Spain[J]. Corporate Governance: An International Review, 2007, 15(5): 828–842.

［158］Walden J. Trading, Profits and Volatility in a Dynamic Information Network Model[J]. The Review of Economic Studies, 2019, 86(5): 2248–2283.

［159］Wang C, Rodan S, Fruin M, et al. Knowledge Networks, Collaboration Networks, and Exploratory Innovation[J]. Academy of Management Journal, 2014, 57(2): 484–514.

［160］Wei C. Do Foreign Institutions Improve Stock Liquidity?[R]. Available at SSRN Working Paper, 2010.

［161］Wei K C J, Zhang Y. Ownership Structure, Cash Flow, and Capital Investment: Evidence from East Asian Economies before the Financial Crisis[J]. Journal of Corporate Finance, 2008, 14(2): 118–132.

［162］Williamson O E. The Economics of Discretionary Behavior: Managerial Objectives in a Theory of the Firm[M]. Englewood Cliffs, NJ: Prentice–Hall, 1964.

［163］Woidtke T. Agents Watching Agents?: Evidence from Pension Fund Ownership and Firm Value[J]. Journal of Financial Economics, 2002, 63(1): 99–131.

［164］Wolosin R J, Sherman S J, Till A. Effects of Cooperation and Competition on Responsibility Attribution after Success and Failure[J]. Journal of Experimental Social Psychology, 1973, 9(3): 220–235.

［165］Xie J. CEO Career Concerns and Investment Efficiency: Evidence from China[J]. Emerging Markets Review, 2015(24): 149–159.

［166］Zhao Z J, Anand J. Beyond Boundary Spanners: The "Collective Bridge" as an Efficient Interunit Structure for Transferring Collective Knowledge[J]. Strategic Management Journal, 2013, 34(13): 1513–1530.

［167］Zhou J, Shin S J, Brass D J, et al. Social Networks, Personal Values, and Creativity: Evidence for Curvilinear and Interaction Effects[J]. Journal of Applied Psychology, 2009, 94(6): 1544–1552.

［168］Zwiebel J. Dynamic Capital Structure under Managerial Entrenchment[J]. The American Economic Review, 1996(86): 1197–1215.

［169］安维东.企业家社会网络、控制权配置与家族企业成长［D］.首都经济贸易大学博士学位论文，2016.

［170］白旻，王仁祥.股价崩盘风险、信息环境与企业现金调整［J］.审计与经济研究，2018，33（5）：118–127.

［171］边燕杰，张文宏.经济体制、社会网络与职业流动［J］.中国社会科学，2001（2）：

77-89+206.

[172] 蔡庆丰, 田霖, 郭俊峰. 民营企业家的影响力与企业的异地并购——基于中小板企业实际控制人政治关联层级的实证发现 [J]. 中国工业经济, 2017 (3): 156-173.

[173] 曹春方. 政治权力转移与公司投资: 中国的逻辑 [J]. 管理世界, 2013 (1): 143-157.

[174] 陈德球, 李思飞, 雷光勇. 政府治理、控制权结构与投资决策——基于家族上市公司的经验证据 [J]. 金融研究, 2012 (3): 124-138.

[175] 陈冬华, 陈信元, 万华林. 国有企业中的薪酬管制与在职消费 [J]. 经济研究, 2005 (2): 92-101.

[176] 陈键. 机构投资者异质性、私下沟通与公司治理 [D]. 中国社会科学院研究生院博士学位论文, 2017.

[177] 陈劲, 阳银娟. 协同创新的理论基础与内涵 [J]. 科学学研究, 2012, 30 (2): 161-164.

[178] 陈克兢. 非控股大股东退出威胁能降低企业代理成本吗? [J]. 南开管理评论, 2019, 22 (4): 161-175.

[179] 陈全伟. 机构投资者: 一般理论和中国实践 [D]. 中国人民大学博士学位论文, 2008.

[180] 陈仕华. 公司治理的社会嵌入性: 来自连锁董事的启示 [J]. 经济管理, 2009, 31 (4): 50-56.

[181] 陈新春, 刘阳, 罗荣华. 机构投资者信息共享会引来黑天鹅吗?——基金信息网络与极端市场风险 [J]. 金融研究, 2017 (7): 140-155.

[182] 陈运森, 邓祎璐, 李哲. 证券交易所一线监管的有效性研究: 基于财务报告问询函的证据 [J]. 管理世界, 2019, 35 (3): 169-185+208.

[183] 陈运森, 谢德仁. 网络位置、独立董事治理与投资效率 [J]. 管理世界, 2011 (7): 113-127.

[184] 陈运森, 袁薇, 兰天琪. 法律基础建设与资本市场高质量发展——基于新《证券法》的事件研究 [J]. 财经研究, 2020, 46 (10): 79-92.

[185] 陈运森, 袁薇, 李哲. 监管型小股东行权的有效性研究: 基于投服中心的经验证据 [J]. 管理世界, 2021, 37 (6): 142-158+9+160-162.

[186] 池国华, 王钰. 内部控制缺陷披露与投资不足: 抑制还是加剧? [J]. 中南财经政法大学学报, 2017 (6): 3-10+158.

[187] 代昀昊, 孔东民. 高管海外经历是否能提升企业投资效率 [J]. 世界经济, 2017, 40 (1): 168-192.

[188] 戴鹏毅, 杨胜刚, 袁礼. 资本市场开放与企业全要素生产率 [J]. 世界经济, 2021, 44 (8): 154-178.

[189] 邓柏峻, 李仲飞, 梁权熙. 境外股东持股与股票流动性 [J]. 金融研究, 2016 (11): 142-157.

[190] 邓波. 高管权力、环境信息披露质量与投资效率 [D]. 南京理工大学博士学位论文, 2020.

[191] 邓祎璐, 陆晨, 兰天琪, 陈运森. 非处罚性监管与企业风险承担——基于财务报告问询函的证据 [J]. 财经研究, 2021, 47 (8): 123-138.

[192] 丁慧, 吕长江, 陈运佳. 投资者信息能力: 意见分歧与股价崩盘风险——来自社交媒体"上证 e 互动"的证据 [J]. 管理世界, 2018, 34 (9): 161-171.

[193] 窦欢, 陆正飞. 大股东代理问题与上市公司的盈余持续性 [J]. 会计研究, 2017 (5):

32–39+96.

［194］杜勇，马文龙.机构共同持股与企业全要素生产率［J］.上海财经大学学报，2021,23（5）：81–95.

［195］杜勇，孙帆，邓旭.共同机构所有权与企业盈余管理［J］.中国工业经济，2021（6）：155–173.

［196］樊纲，王小鲁，余静文.中国分省份市场化指数报告（2016）［M］.北京：社会科学文献出版社，2017.

［197］范海峰.机构投资者持股与公司绩效［D］.暨南大学博士学位论文，2010.

［198］方军雄.高管超额薪酬与公司治理决策［J］.管理世界，2012（11）：144–155.

［199］冯戈坚，张晓倩，王建琼.分析师预测、投资机会与投资强度［J］.科学决策，2018(6)：41–62.

［200］冯英.产品市场竞争、公司治理与投资效率［D］.云南财经大学博士学位论文，2018.

［201］傅勇，谭松涛.股权分置改革中的机构合谋与内幕交易［J］.金融研究，2008（3）：88–102.

［202］高磊，晓芳，王彦东.多个大股东、风险承担与企业价值［J］.南开管理评论，2020,23（5）：124–133.

［203］高源.异质型机构投资者对非效率投资的影响［D］.浙江工商大学博士学位论文，2012.

［204］郭白滢，李瑾.机构投资者信息共享与股价崩盘风险——基于社会关系网络的分析［J］.经济管理，2019，41（7）：171–189.

［205］郭晓冬，柯艳蓉，吴晓晖.坏消息的掩盖与揭露：机构投资者网络中心性与股价崩盘风险［J］.经济管理，2018，40（4）：152–169.

［206］郭晓冬，王攀，吴晓晖.机构投资者网络团体与公司非效率投资［J］.世界经济，2020，43（4）：169–192.

［207］国务院发展研究中心"经济转型期的风险防范与应对"课题组，李伟，王一鸣，等.打好防范化解重大风险攻坚战：思路与对策［J］.管理世界，2018，34（1）：1–15.

［208］胡荣芳.内部薪酬差距对非效率投资的影响研究［D］.兰州大学博士学位论文，2021.

［209］胡奕明，林文雄.信息关注深度、分析能力与分析质量——对我国证券分析师的调查分析［J］.金融研究，2005（2）：46–58.

［210］花贵如，刘志远，许骞.投资者情绪、企业投资行为与资源配置效率［J］.会计研究，2010（11）：49–55+97.

［211］黄灿，蒋青嬗.股东关系网络与企业创新［J］.南开经济研究，2021（2）：67–87.

［212］黄灿，李善民.股东关系网络、信息优势与企业绩效［J］.南开管理评论，2019,22（2）：75–88.

［213］黄福广，周杰，刘建.上市公司股权结构对投资决策的影响实证研究［J］.现代财经（天津财经大学学报），2005（10）：23–27.

［214］江轩宇，许年行.企业过度投资与股价崩盘风险［J］.金融研究，2015(8)：141–158.

［215］姜付秀，蔡欣妮，朱冰.多个大股东与股价崩盘风险［J］.会计研究，2018（1）：68–74.

［216］姜付秀，马云飙，王运通.退出威胁能抑制控股股东私利行为吗？［J］.管理世界,2015（5）：147–159.

［217］姜付秀，王运通，田园，吴恺.多个大股东与企业融资约束——基于文本分析的经验证据［J］.管理世界，2017（12）：61-74.

［218］姜付秀，伊志宏，苏飞，黄磊.管理者背景特征与企业过度投资行为［J］.管理世界，2009（1）：130-139.

［219］姜国华，岳衡.大股东占用上市公司资金与上市公司股票回报率关系的研究［J］.管理世界，2005（9）：119-126+157+171-172.

［220］金凌.危机时期政府直接干预与尾部系统风险［D］.中南财经政法大学博士学位论文，2019.

［221］雷静.基于社会网络的虚拟社区知识共享研究［D］.东华大学博士学位论文，2012.

［222］李春涛，薛原，惠丽丽.社保基金持股与企业盈余质量：A股上市公司的证据［J］.金融研究，2018（7）：124-142.

［223］李春霞，叶瑶.基于负债和经理激励视角的企业投资不足研究——来自中国上市公司的经验证据［J］.南方经济，2015（1）：71-84.

［224］李丹蒙，叶建芳，卢思绮，曾森.管理层过度自信、产权性质与并购商誉［J］.会计研究，2018（10）：50-57.

［225］李凤羽，杨墨竹.经济政策不确定性会抑制企业投资吗？——基于中国经济政策不确定指数的实证研究［J］.金融研究，2015（4）：115-129.

［226］李君平，徐龙炳.资本市场错误定价、融资约束与公司融资方式选择［J］.金融研究，2015（12）：113-129.

［227］李明明，刘海明.投资机会、集团关联担保与经济后果——基于内部资本市场视角的研究［J］.中南财经政法大学学报，2016（4）：76-83+159.

［228］李培功，肖珉.CEO任期与企业资本投资［J］.金融研究，2012（2）：127-141.

［229］李姝，翟士运，古朴.非控股股东参与决策的积极性与企业技术创新［J］.中国工业经济，2018（7）：155-173.

［230］李维安，姜涛.公司治理与企业过度投资行为研究——来自中国上市公司的证据［J］.财贸经济，2007（12）：56-61+141.

［231］李维安，徐建.董事会独立性、总经理继任与战略变化幅度——独立董事有效性的实证研究［J］.南开管理评论，2014，17（1）：4-13.

［232］李香梅.控制权私有收益对企业投资行为的影响研究［D］.山东大学博士学位论文，2013.

［233］李延喜，曾伟强，马壮，陈克兢.外部治理环境、产权性质与上市公司投资效率［J］.南开管理评论，2015，18（1）：25-36.

［234］李增福，云锋，黄家惠，连玉君.国有资本参股对非国有企业投资效率的影响研究［J］.经济学家，2021（3）：71-81.

［235］李争光，赵西卜，曹丰，刘向强.机构投资者异质性与会计稳健性——来自中国上市公司的经验证据［J］.南开管理评论，2015，18（3）：111-121.

［236］李志生，金凌，张知宸.危机时期政府直接干预与尾部系统风险——来自2015年股灾期间"国家队"持股的证据［J］.经济研究，2019，54（4）：67-83.

［237］李志生，金凌."国家队"救市、股价波动与异质性风险［J］.管理科学学报，2019，22（9）：67-81.

［238］连立帅，朱松，陈超.资本市场开放与股价对企业投资的引导作用：基于沪港通交易制

度的经验证据［J］.中国工业经济，2019（3）：100-118.

［239］林润辉，李维安.网络组织——更具环境适应能力的新型组织模式［J］.南开管理评论，2000（3）：4-7.

［240］林毅夫，蔡昉，李周.充分信息与国有企业改革［M］.上海：上海三联书店，上海人民出版社，1997.

［241］刘佳伟，周中胜.企业无实际控制人与审计收费［J］.审计研究，2021（3）：51-61.

［242］刘军，Willer D，Emanuelson P.网络结构与权力分配：要素论的解释［J］.社会学研究，2011，25（2）：134-166.

［243］刘新民，于文成，王垒.异质股东对国企双重任务的偏好选择——董事会功能偏好的中介［J］.山西财经大学学报，2017，39（8）：85-100.

［244］刘星，窦炜.基于控制权私有收益的企业非效率投资行为研究［J］.中国管理科学，2009，17（5）：156-165.

［245］刘亚伟.管理者背景特征、晋升激励与非效率投资研究［D］.华中科技大学博士学位论文，2015.

［246］刘志强，余明桂.投资者法律保护、产品市场竞争与现金股利支付力度——来自中国制造业上市公司的经验证据［J］.管理学报，2009，6（8）：1090-1097+1103.

［247］卢凌.机构投资者、公司治理与企业债权代理成本［D］.江西财经大学博士学位论文，2019.

［248］罗栋梁.我国机构投资者与上市公司治理的实证研究［D］.西南财经大学博士学位论文，2007.

［249］罗宏，黄婉.多个大股东并存对高管机会主义减持的影响研究［J］.管理世界，2020，36（8）：163-178.

［250］罗宏，秦际栋.国有股权参股对家族企业创新投入的影响［J］.中国工业经济，2019（7）：174-192.

［251］罗进辉，李小荣，向元高.媒体报道与公司的超额现金持有水平［J］.管理科学学报，2018，21（7）：91-112.

［252］罗荣华，田正磊.基金网络、竞争阻隔与股票信息环境［J］.中国工业经济，2020（3）：137-154.

［253］吕怀立，李婉丽.多个大股东是否具有合谋动机？——基于家族企业非效率投资视角［J］.管理评论，2015，27（11）：107-117+191.

［254］麻环宇.CEO继任、公司治理与企业投资［D］.天津大学博士学位论文，2018.

［255］马连福，杜博.股东网络对控股股东私利行为的影响研究［J］.管理学报，2019，16（5）：665-675+764.

［256］马连福，秦鹤，杜善重.机构投资者网络嵌入与企业金融决策——基于实体企业金融化的研究视角［J］.山西财经大学学报，2021，43（2）：99-112.

［257］马润平，李悦，杨英，张文静.公司管理者过度自信、过度投资行为与治理机制——来自中国上市公司的证据［J］.证券市场导报，2012（6）：38-43.

［258］梅洁，张明泽.基金主导了机构投资者对上市公司盈余管理的治理作用？——基于内生性视角的考察［J］.会计研究，2016（4）：55-60+96.

［259］潘俊，袁璐，王禹.股价崩盘风险影响债券契约条款设计吗？［J］.金融评论，2019，11（5）：67-79+117.

［260］潘立生.上市公司非效率投资治理研究［D］.合肥工业大学博士学位论文，2012.

［261］潘越，戴亦一，魏诗琪.机构投资者与上市公司"合谋"了吗：基于高管非自愿变更与继任选择事件的分析［J］.南开管理评论，2011，14（2）：69-81.

［262］潘越，宁博，戴亦一.宗姓认同与公司治理——基于同姓高管"认本家"情结的研究［J］.经济学（季刊），2020，19（1）：351-370.

［263］潘越，汤旭东，宁博，杨玲玲.连锁股东与企业投资效率：治理协同还是竞争合谋［J］.中国工业经济，2020（2）：136-164.

［264］綦好东，乔琳，曹伟.基金网络关系强度与公司非效率投资［J］.财贸经济，2019，40（5）：66-82.

［265］屈文洲，谢雅璐，叶玉妹.信息不对称、融资约束与投资——现金流敏感性——基于市场微观结构理论的实证研究［J］.经济研究，2011，46（6）：105-117.

［266］任广乾，冯瑞瑞，田野.混合所有制、非效率投资抑制与国有企业价值［J］.中国软科学，2020（4）：174-183.

［267］邵帅，吕长江.实际控制人直接持股可以提升公司价值吗？——来自中国民营上市公司的证据［J］.管理世界，2015（5）：134-146+188.

［268］沈红波，华凌昊，许基集.国有企业实施员工持股计划的经营绩效：激励相容还是激励不足［J］.管理世界，2018，34（11）：121-133.

［269］史永东，王谨乐.中国机构投资者真的稳定市场了吗？［J］.经济研究，2014，49（12）：100-112.

［270］宋增基，冯莉茗，谭兴民.国有股权、民营企业家参政与企业融资便利性——来自中国民营控股上市公司的经验证据[J].金融研究，2014(12):133-147.

［271］孙淑伟，俞春玲.社会关系网络与风险投资的退出业绩——基于效率与效益视角的双重考察［J］.外国经济与管理，2018，40（1）：107-123.

［272］谭松涛，黄俊凯，杜安然.个人大股东持股与股价暴跌风险［J］.金融研究，2019(5)：152-169.

［273］唐跃军，左晶晶.所有权性质、大股东治理与公司创新［J］.金融研究，2014（6）：177-192.

［274］陶瑜，彭龙，刘寅.机构投资者行为对信息效率的影响研究［J］.北京工商大学学报（社会科学版），2016，31（5）：87-97.

［275］田昆儒，游竹君，孙国强.非控股股东网络权力的投资角色定位［J］.商业经济与管理，2021（9）：56-70.

［276］田昆儒，游竹君，田雪丰.非控股股东网络权力与企业风险承担［J］.财经论丛，2021（9）：60-70.

［277］田昆儒，游竹君.同谐合谋还是同舟共济：非控股股东网络权力与股价崩盘风险［J］.当代财经，2021（6）：138-148.

［278］万良勇.法治环境与企业投资效率——基于中国上市公司的实证研究［J］.金融研究，2013（12）：154-166.

［279］王斌，宋春霞.创业企业资源禀赋、资源需求与产业投资者引入——基于创业板上市公司的经验证据［J］.会计研究，2015（12）：59-66+97.

［280］王菁，孙元欣.资本市场的绩效压力与企业投资不足——股权制衡和两职兼任的调节作用［J］.山西财经大学学报，2014，36（4）：69-80.

［281］王垒，曲晶，赵忠超，丁黎黎.组织绩效期望差距与异质机构投资者行为选择：双重委托代理视角［J］.管理世界，2020，36（7）：132-153.

［282］王美英，陈宋生，曾昌礼，曹源.混合所有制背景下多个大股东与风险承担研究［J］.会计研究，2020（2）：117-132.

［283］王萍.沪深港通对企业投资效率的影响研究［D］.内蒙古大学博士学位论文，2020.

［284］王淑敏，王涛.积累社会资本何时能提升企业自主创新能力———一项追踪研究［J］.南开管理评论，2017，20（5）：131-143.

［285］王巍，孙笑明，崔文田.社会网络视角下的知识搜索和知识扩散研究述评与展望［J］.科学学与科学技术管理，2020，41（6）：36-54.

［286］王雯岚，许荣.高校校友联结促进公司创新的效应研究［J］.中国工业经济，2020（8）：156-174.

［287］王馨，王营.绿色信贷政策增进绿色创新研究［J］.管理世界，2021，37（6）：173-188+11.

［288］王雄元，何雨晴.国家队持股、媒体报道与股市稳定［J］.中南财经政法大学学报，2020（6）：3-12+158.

［289］王彦超.融资约束、现金持有与过度投资［J］.金融研究，2009（7）：121-133.

［290］王仲兵，王攀娜.放松卖空管制与企业投资效率——来自中国资本市场的经验证据［J］.会计研究，2018（9）：80-87.

［291］魏明海，黄琼宇，程敏英.家族企业关联大股东的治理角色——基于关联交易的视角［J］.管理世界，2013（3）：133-147+171+188.

［292］魏明海，柳建华.国企分红、治理因素与过度投资［J］.管理世界，2007（4）：88-95.

［293］温忠麟，张雷，侯杰泰，刘红云.中介效应检验程序及其应用［J］.心理学报，2004（5）：614-620.

［294］文雯，胡慧杰，李倩."国家队"持股能降低企业风险吗？［J］.证券市场导报，2021（10）：12-22+78.

［295］吴敬琏.现代公司与企业变革［M］.天津：天津人民出版社，1994.

［296］吴溪，张俊生.上市公司立案公告的市场反应及其含义［J］.会计研究，2014（4）：10-18.

［297］吴先聪.机构投资者影响了高管薪酬及其私有收益吗？——基于不同特质机构投资者的研究［J］.外国经济与管理，2015，37（8）：13-29.

［298］吴晓晖，郭晓冬，乔政.机构投资者网络中心性与股票市场信息效率［J］.经济管理，2020，42（6）：153-171.

［299］谢德仁，郑登津，崔宸瑜.控股股东股权质押是潜在的"地雷"吗？——基于股价崩盘风险视角的研究［J］.管理世界，2016（5）：128-140+188.

［300］谢卫红，李忠顺，苏芳，王永健.高管支持、大数据能力与商业模式创新［J］.研究与发展管理，2018，30（4）：152-162.

［301］辛清泉，林斌，王彦超.政府控制、经理薪酬与资本投资［J］.经济研究，2007（8）：110-122.

［302］邢斌，徐龙炳.超募、投资机会与公司价值［J］.财经研究，2015，41（9）：65-78.

［303］徐莉萍，辛宇，陈工孟.控股股东的性质与公司经营绩效［J］.世界经济，2006（10）：78-89+96.

［304］徐旭初.机构投资者和资本市场的效率［J］.世界经济研究，2001（6）：79-82+43.

［305］徐业坤，钱先航，李维安.政治不确定性、政治关联与民营企业投资来自市委书记更替的证据［J］.管理世界，2013（5）：116-130.

［306］闫红蕾，张自力，赵胜民.资本市场发展对企业创新的影响——基于上市公司股票流动性视角［J］.管理评论，2020，32（3）：21-36.

［307］严苏艳.共有股东与企业创新投入［J］.审计与经济研究，2019，34（5）：85-95.

［308］严也舟.外部治理环境、内部治理结构与合谋侵占实证分析［J］.管理评论，2012，24（4）：28-35+44.

［309］杨海燕，韦德洪，孙健.机构投资者持股能提高上市公司会计信息质量吗？——兼论不同类型机构投资者的差异［J］.会计研究，2012（9）：16-23+96.

［310］杨棉之，赵鑫，张伟华.机构投资者异质性、卖空机制与股价崩盘风险——来自中国上市公司的经验证据［J］.会计研究，2020（7）：167-180.

［311］杨兴全，张照南，吴昊旻.治理环境、超额持有现金与过度投资——基于我国上市公司面板数据的分析［J］.南开管理评论，2010，13（5）：61-69.

［312］姚明安，孔莹.财务杠杆对企业投资的影响——股权集中背景下的经验研究［J］.会计研究，2008（4）：33-40+93.

［313］耀友福.问询监管与公司过度投资［D］.上海财经大学博士学位论文，2020.

［314］叶玉妹.信息不对称与投资——现金流敏感性［D］.厦门大学博士学位论文，2009.

［315］游家兴，刘淳.嵌入性视角下的企业家社会资本与权益资本成本——来自我国民营上市公司的经验证据［J］.中国工业经济，2011（6）：109-119.

［316］余佩琨，李志文，王玉涛.机构投资者能跑赢个人投资者吗？［J］.金融研究，2009（8）：147-157.

［317］袁奋强，张忠寿，杨七中.股权结构、投资机会与企业现金持有水平选择——基于融资约束路径的分析［J］.中央财经大学学报，2018（4）：63-77.

［318］袁知柱，王泽燊，郝文瀚.机构投资者持股与企业应计盈余管理和真实盈余管理行为选择［J］.管理科学，2014，27（5）：104-119.

［319］詹雷，王瑶瑶.管理层激励、过度投资与企业价值［J］.南开管理评论，2013，16（3）：36-46.

［320］张标.控股股东代理问题与公司投融资决策［D］.武汉大学博士学位论文，2014.

［321］张春田.中国金融发展、投资与经济增长［D］.吉林大学博士学位论文，2008.

［322］张功富，宋献中.财务困境企业资本投资行为的实证研究——来自中国上市公司的经验证据［J］.财经理论与实践，2007（3）：33-40.

［323］张汉亚.中国固定资产投资体制改革 30 年［J］.宏观经济研究，2008（10）：11-17.

［324］张济建，苏慧，王培.产品市场竞争、机构投资者持股与企业 R&D 投入关系研究［J］.管理评论，2017，29（11）：89-97.

［325］张俊瑞，王良辉，汪方军.管理层任职网络会影响高管薪酬吗？——一项基于社会资本的实证研究［J］.管理评论，2018，30（6）：136-148.

［326］张敏，刘颛，张雯.关联贷款与商业银行的薪酬契约——基于我国商业银行的经验证据［J］.金融研究，2012（5）：108-122.

［327］张清.机构投资者介入上市公司治理的机制和绩效研究［D］.武汉大学博士学位论文，2005.

［328］张清.双层股权结构下企业家社会网络、实际控制权与企业绩效研究［D］.首都经济贸易大学博士学位论文，2019.

［329］张庆君，蒋瑶，李萌.所有权结构、股权激励与非效率投资——基于京津冀上市公司数据的分析［J］.审计与经济研究，2018，33（4）：96-104.

［330］张晓宇，徐龙炳.限售股解禁、资本运作与股价崩盘风险［J］.金融研究，2017（11）：158-174.

［331］张学勇，何姣.扩张投资、经济增长与投资效率——基于金融危机前后的对比研究［J］.宏观经济研究，2011（7）：64-70.

［332］张兆国，刘亚伟，亓小林.管理者背景特征、晋升激励与过度投资研究［J］.南开管理评论，2013，16（4）：32-42.

［333］章琳一，张洪辉.无控股股东、内部人控制与内部控制质量［J］.审计研究，2020（1）：96-104.

［334］赵晶，郭海.公司实际控制权、社会资本控制链与制度环境［J］.管理世界，2014（9）：160-171.

［335］赵瑞.企业社会资本、投资机会与投资效率［J］.宏观经济研究，2013（1）：65-72.

［336］赵昕，许杰，丁黎黎.董事网络、独立董事治理与上市公司过度投资行为研究［J］.审计与经济研究，2018，33（1）：69-80.

［337］赵艺，倪古强.审计师行业专长、产权性质与投资效率［J］.审计研究，2020（1）：87-95.

［338］赵颖斯.创新网络中企业网络能力、网络位置与创新绩效的相关性研究［D］.北京交通大学博士学位论文，2014.

［339］钟海燕.中国国有控股上市公司投资行为及效率研究［D］.重庆大学博士学位论文，2010.

［340］周冬华，张启浩.投资者实地调研会加剧企业过度投资吗［J］.山西财经大学学报，2021，43（7）：83-96.

［341］周伟贤.投资过度还是投资不足——基于A股上市公司的经验证据［J］.中国工业经济，2010（9）：151-160.

［342］朱冰，张晓亮，郑晓佳.多个大股东与企业创新［J］.管理世界，2018，34（7）：151-165.

［343］朱德胜，周晓珮.股权制衡、高管持股与企业创新效率［J］.南开管理评论，2016，19（3）：136-144.

［344］祝继高，王春飞.大股东能有效控制管理层吗？——基于国美电器控制权争夺的案例研究［J］.管理世界，2012（4）：138-152+158.

［345］祝继高，叶康涛，严冬.女性董事的风险规避与企业投资行为研究——基于金融危机的视角［J］.财贸经济，2012（4）：50-58.

［346］左雪莲.高管薪酬激励对非效率投资的影响研究［D］.浙江工商大学博士学位论文，2018.

后记

写作这本书是一项充满挑战和有意义的任务。我在写作过程中遇到了诸多困难和挑战，但正是这些困难和挑战推动着我不断前进。每个章节、每个观点都是我思考和努力的结果，希望能够为读者提供一些有价值的见解和启示。

在这里，我向所有在我写作过程中给予支持和帮助的人表示深深的谢意。

感谢导师田昆如教授，是您在写作过程中给予我宝贵的指导和帮助，田老师丰富的企业实务和现实经营案例的讲解启迪着我不断思考，专业知识和会计理论的传授使我对于非控股股东网络有了更为深刻的理解。

感谢父母和家人一直的默默支持，是你们在我写作过程中给予了我无尽的信任和鼓励。

感谢在写作过程中提供过帮助的专家学者和朋友们，正是你们的建议和意见使本书不断完善。

感谢经济管理出版社任爱清老师及其他编校人员，是你们的努力促使本书顺利出版。

最后，我希望本书能够为学术界和实践界提供一些有价值的研究成果。希望我的研究能够引起更多人对非控股股东网络的关注和研究，促进公司治理和投资决策的改进。再次感谢每一位支持和关注过我的人，祝愿你们在自己的研究和事业中取得更大的成就。

游竹君

2024 年 1 月